"双高计划"背景下
高职院校教师绩效考核与管理研究

张晓冬 / 著

武汉理工大学出版社
·武汉·

图书在版编目（CIP）数据

"双高计划"背景下高职院校教师绩效考核与管理研究 / 张晓冬著 . -- 武汉：武汉理工大学出版社, 2024.9. -- ISBN 978-7-5629-7238-9

Ⅰ. G718.5

中国国家版本馆 CIP 数据核字第 2024P1W890 号

责任编辑：尹珊珊
责任校对：严　曾　　　排　　版：任盼盼
出版发行：武汉理工大学出版社
社　　址：武汉市洪山区珞狮路 122 号
邮　　编：430070
网　　址：http://www.wutp.com.cn
经　　销：各地新华书店
印　　刷：北京亚吉飞数码科技有限公司
开　　本：710×1000　1/16
印　　张：13
字　　数：206 千字
版　　次：2025 年 3 月第 1 版
印　　次：2025 年 3 月第 1 次印刷
定　　价：96.00 元

凡购本书，如有缺页、倒页、脱页等印装质量问题，请向出版社发行部调换。
本社购书热线电话：027-87391631　87664138　87523148

·版权所有，盗版必究·

前　言

"双高计划"是我国政府为了提升职业教育质量,推动职业教育现代化而实施的一项重要战略。高职院校作为培养高素质技术技能人才的重要基地,其教师的绩效考核与管理直接关系到人才培养的质量和效果。随着"双高计划"的深入实施,高职院校的教师绩效考核与管理成为教育改革和发展的重要课题。一方面,科学的绩效考核体系能够客观评价教师的工作表现,为教师的晋升、奖励提供依据;另一方面,有效的管理手段能够激发教师的工作热情,促进教师的专业发展。因此,研究"双高计划"背景下高职院校教师绩效考核与管理问题,对于提升高职院校的整体办学水平和竞争力具有重要的理论和实践意义。目前,关于高职院校教师绩效考核与管理的研究已经取得了一定的成果。但毋庸置疑的是,高职院校教师绩效考核与管理仍面临着一些新的问题和挑战。例如,如何适应"双高计划"的要求,构建符合高职院校特点的教师绩效考核体系;如何激发教师的工作积极性,促进教师的专业成长;如何构建和谐的校园文化,提升教师的工作满意度等,这些问题都需要我们进行深入的研究和探讨。基于此背景,作者在参阅相关著作文献的基础上精心撰写了《"双高计划"背景下高职院校教师绩效考核与管理研究》一书。

本书首先基于"双高计划"政策框架,研究了高职院校教师绩效管理现状,书中探讨了绩效管理理论基础、基本理论及基本方法,进而构建了高校教师绩效管理体系,包括教师队伍建设、教师职称评价、教师薪酬管理以及教师考核评价等方面。通过本书,我们期望能够深入了解"双高计划"背景下高职院校教师绩效考核与管理的现状和问题,提出具有针对性的对策和建议。本书的意义在于为高职院校教师绩效考核与管理理论研究提供重要参考,并为高职院校科学构建和有效实施教师绩效管理体系提供理论依据和操作指南。

在撰写过程中，笔者得到了多位专家、学者的悉心指导与鼎力支持，在此表示真挚的谢意。由于内容较多且篇幅有限，加之时间仓促以及笔者视野的局限性，尽管已尽最大努力，但书中所涉及的内容仍可能有疏漏之处，希望各位读者提出宝贵意见。

作 者

2024 年 3 月

目 录

第一章 "双高计划"与高职院校管理 ················· 1
    第一节 "双高计划"提出的背景与政策框架体系 ········· 2
    第二节 "双高计划"对高职院校绩效管理的要求 ········· 9
    第三节 "双高计划"对高职院校教师队伍建设的要求 ······ 19

第二章 高职院校教师绩效考核与绩效管理概述 ············ 24
    第一节 绩效、绩效考核与绩效管理的内涵 ············· 25
    第二节 高职院校教师绩效考核与管理的目的与作用 ······· 38

第三章 高职院校教师绩效考核与管理的基本理论 ·········· 43
    第一节 关系绩效理论 ······················ 43
    第二节 利益相关者理论 ····················· 47
    第三节 双因素理论 ······················· 51
    第四节 平衡计分卡理论 ····················· 60

第四章 高职院校教师绩效考核与管理的基本方法 ·········· 70
    第一节 360度考核法 ······················ 70
    第二节 目标管理法 ······················· 75
    第三节 关键事件法 ······················· 79
    第四节 目标与关键成果管理法 ·················· 81
    第五节 关键绩效指标法 ····················· 84

第五章 "双高计划"背景下高职院校教师教学创新团队建设研究 ··· 94
    第一节 高职院校教师队伍建设的现状与问题 ··········· 94

第二节　"双高计划"背景下高职院校教师教学创新
　　　　　　团队建设的路径与举措……………………………… 98

第六章　"破五唯"视域下高职院校教师职称评价改革………… 120
　　第一节　"破五唯"的内涵及必要性　……………………… 120
　　第二节　高职院校职称评价体系现状及存在的问题……… 132
　　第三节　高职院校职称评价体系优化设计………………… 137

第七章　高职院校教师绩效薪酬制度…………………………… 148
　　第一节　薪酬与高职院校教师绩效薪酬研究……………… 148
　　第二节　高职院校教师绩效薪酬制度改革面临的主要问题… 152
　　第三节　高职院校教师绩效薪酬制度理论体系的
　　　　　　建构与实施…………………………………………… 154
　　第四节　"双高计划"背景下高职院校绩效薪酬体系
　　　　　　优化策略研究………………………………………… 163

第八章　高职院校教师绩效考核评价…………………………… 175
　　第一节　绩效评价与高职院校教师绩效评价……………… 175
　　第二节　"双高计划"建设背景下高职院校教师绩效
　　　　　　考核与管理的问题与现状………………………… 183
　　第三节　"双高计划"建设背景下高职院校教师绩效考核与
　　　　　　管理问题成因的理论视角分析…………………… 185
　　第四节　高职院校教师绩效考核评价体系的建构………… 188

参考文献…………………………………………………………… 194

第一章

"双高计划"与高职院校管理

"双高计划"作为我国高职教育的一项重要战略,不仅标志着国家对高职教育发展的高度重视,更代表着我国职业教育迈向了新的发展阶段。在"双高计划"的推动下,高职院校的管理也面临着前所未有的机遇与挑战。"双高计划"要求高职院校不仅要在专业技能教育上达到国际先进水平,还要求在管理体制、人才培养模式、产学研结合等方面实现质的提升。因此,高职院校的管理必须与时俱进,紧跟时代步伐,创新管理理念和方法。在管理模式上,高职院校应摒弃传统的行政化管理模式,逐步向市场化、企业化方向转变。这意味着高职院校的管理要更加注重效率、效益和灵活性,要能够迅速适应市场需求的变化,及时调整专业设置和人才培养方向。同时,高职院校还应加强与行业、企业的合作,共同构建产学研用一体化的教育生态。在人才培养方面,高职院校应坚持以学生为中心的教育理念,注重培养学生的实践能力和创新精神。这要求高职院校在管理上应更加注重学生的个性化需求,提供更加多样化的教育资源和教学方式。同时,高职院校还应加强与社会的联系,积极引导学生参与社会实践和创新创业活动,培养学生的社会责任感和使命感。在师资队伍建设上,高职院校应更加注重教师的专业发展和职业素养提升。这要求高职院校在管理上能提供更加完善的教师培训和发展机制,鼓励教师积极参与科研和社会服务活动,以提升教师的综合素质和教学能力。同时,高职院校还应建立良好的师德师风建设机制,确保教师队伍的整体素质和专业水平。在资源配置上,高职院校应更加注重资源的优化配置和高效利用。这要求高职院校在管理上应建立更加科学、合理的资源配置机制,确保各项资源能够充分满足教学和科研的需要。同时,高职院校还应加强与政府、社会等多方面的合作,积极争取更多的政策和资金支持,为高职院校的长远发展提供坚实的保障。在质量监控上,高职院校应更加注重教育教学的质量保障和持续改进。这要求高职院校在管理上应建立更加完善的质量监控体系,对教育教学过程进行全面、系统的监控和评估。同时,高职院校还应积极引入第三方评估机构和社会评价力量,对高职院校的教育质量和办学水平进行客观、公正的评价,为高职院校的持续改进和发展提供有力的支持。总之,"双高计划"为高职院校的发展提供了难得的机遇和挑战。高职院校必须紧跟时代步伐,创新管理理念和方法,全面提升管理水平和服务能力,为实现高水平、高质量的职业教育目标而不懈努力。

第一节 "双高计划"提出的背景与政策框架体系

一、"双高计划"提出的背景

随着《中国教育现代化2035》和《国家职业教育改革实施方案》的相继出台,中国特色高水平高职学校和专业建设计划(简称"双高计划")正式成为推动中国职业教育现代化的重要举措。这一计划的实施不仅深入贯彻落实了全国教育大会的精神,更是对中国职业教育发展的一次全面升级和深度改革。"双高计划"旨在建成一批引领改革、支撑发展、具有中国特色、世界水平的高职学校和专业群。这一目标的确立标志着中国职业教育将向着更高质量、更高效率、更加公平的方向发展。在这个过程中,高职学校和专业群将发挥关键作用,成为推动职业教育现代化的重要引擎。

为了实现这一目标,要从多个方面入手。首先,要深入贯彻落实全国教育大会的精神,坚持以学生为中心、以质量为核心,推动职业教育与经济社会发展的深度融合。其次,要加强高职学校和专业群的建设,提高教育质量和教学水平,培养更多高素质、高技能的人才。同时,还要加强职业教育与产业、企业的对接,推动产教融合,为产业发展提供有力的人才支撑。

在实施"双高计划"的过程中,不仅要注重加强职业教育国际交流与合作，吸收借鉴国际先进经验，提高职业教育的国际竞争力和影响力。同时，还要加强职业教育信息化建设，推动教育技术与职业教育的深度融合，提高教育教学的效率和质量。

总之，"双高计划"是中国职业教育现代化的重要举措，将为推动职业教育持续深化改革、强化内涵建设、实现高质量发展提供有力支撑。我们要深入贯彻落实这一计划，加强高职学校和专业群的建设，提高教育质量和教学水平，为中国经济社会发展做出更大的贡献。同时，我们也要积极探索新的教育模式和教育技术，不断推动职业教育的创新发展，为中国职业教育的未来增添新的活力和动力。

在实施"双高计划"的过程中，我们还需要关注一些关键问题。一是要进一步完善职业教育的制度体系，建立健全职业教育标准、评价和认证机制，为职业教育发展提供有力的制度保障。二是要加强职业教育的师资力量建设，提高教师的专业素养和教学能力，为培养高素质、高技能的人才提供坚实的师资基础。三是要加强职业教育与社会的联系，积极推动职业教育服务社区、服务产业、服务民生，为社会发展做出更大的贡献。

此外，我们还需要关注职业教育在全球化背景下的发展趋势。随着国际交流的日益频繁和经济全球化的加速推进，职业教育也需要不断适应国际竞争的需要，提高教育的国际化水平和国际竞争力。这需要我们加强与国际先进教育机构的合作与交流，学习借鉴国际先进的教育理念和教育模式，提高职业教育的国际影响力和竞争力。

"双高计划"是中国职业教育现代化的重要里程碑，将为中国职业教育的发展注入新的动力和活力。我们要深入贯彻落实这一计划，加强高职学校和专业群的建设，提高教育质量和教学水平，为中国经济社会发展做出更大的贡献。同时，我们也要积极探索新的教育模式和教育技术，不断推动职业教育的创新发展，为中国职业教育的未来奠定坚实的基础。

二、"双高计划"的使命与目标

"双高计划"是教育部为了推动中国职业教育向更高水平发展而制定的一项重要战略。该计划旨在通过一系列的改革和创新，打造一批具有国际先进水平的高职学校和专业，形成中国特色的职业教育发展模式。

根据教育部的规划，"双高计划"将分为两个阶段进行：第一个阶段是在五年结束后淘汰一半的学校和专业，第二个阶段再淘汰一半，每个建设周期都将淘汰50%的学校和专业。这一严格的筛选机制旨在建设真正符合"中国特色、世界水平"的高水平学校。

"双高计划"建设的总体目标不仅在于培养技术技能人才，更在于支撑国家重点产业和区域支柱产业的发展，推动新时代职业教育实现高质量发展。

为了实现这一目标，"双高计划"将完成办学格局、办学目标、办学模式的三大转变。

首先，办学格局将由政府举办为主向政府统筹管理转变，鼓励社会多元办学。这意味着未来的职业教育将更加注重社会的参与和多元投入，形成政府、企业、社会共同参与的办学格局。

其次，办学目标将由规模扩张转变为提高质量。在数量扩张的基础上，"双高计划"更加注重教育的质量和效益，追求内涵式发展，以提高职业教育的整体质量。

最后，办学模式将从参照普通教育转变为社会参与、专业特色鲜明的类型教育。这意味着职业教育将更加注重与社会的对接，形成具有鲜明专业特色的教育模式，更好地服务于产业的发展。

为了实现这些转变，"双高计划"将强力推进产教融合、校企合作，聚焦高端产业和产业高端。通过深化产教融合，实现教育与产业的深度融合，促进教育链、人才链与产业链、创新链的有机衔接。同时，通过校企合作，推动学校与企业的深度合作，共同培养符合产业发展需求的高素质技术技能人才。

此外，"双高计划"还将引领职业教育服务国家战略、融入区域发展、促进产业升级。通过加强与国家战略的对接，推动职业教育与区域经济的深度融合，为区域经济的发展提供有力的人才支撑。同时，通过促进产业升级，推动职业教育与产业的协同发展，为产业的升级换代提供源源不断的人才保障。

通过一系列的改革和创新，形成一批有效支撑职业教育高质量发展的政策、制度、标准。这些政策、制度、标准的形成将为职业教育的长期发展提供坚实的保障。

到2035年，一批高职院校和专业群将达到国际先进水平，形成中国特色职业教育发展模式。届时，中国的职业教育将站在世界的前列，为全球的职业教育发展贡献中国智慧和中国方案。

总之，"双高计划"是中国特色高水平职业教育发展的重要里程碑。

通过这一计划的实施,我们将打造一批具有国际先进水平的高职院校和专业群,形成中国特色的职业教育发展模式。这不仅有助于提升职业教育的整体质量和效益,更有助于支撑国家重点产业和区域支柱产业的发展,为实现中华民族伟大复兴的中国梦提供有力的人才保障。

三、"双高计划"的政策框架体系

目前,国家围绕着如何组织实施好加强项目建设、遴选管理和评价全过程的制度设计,提出了包括"一个意见、两个办法、三个通知"在内的"双高计划"政策框架体系。其中,"一个意见"是指教育部、财政部发布的《关于实施中国特色高水平高职学校和专业建设计划的意见》,它立足于"建",明确学校改革发展的任务和中央、地方的保障举措。"两个办法"是指教育部、财政部印发的《中国特色高水平高职学校和专业建设计划项目遴选管理办法(试行)》和《中国特色高水平高职学校和专业建设计划绩效管理暂行办法》的通知,第一个办法立足于"选",明确了遴选的条件和程序;第二个办法立足于"管",突出了过程管理、目标约束,以保证建设质量。"三个通知"是指每年建设任务启动前发布通知,明确申报的要求;遴选工作结束后发布通知,公布遴选结果;建设期内发布通知,通报建设成效。"一个意见、两个办法、三个通知"标志着"双高计划"项目建设顶层的制度设计全面完成,前三个文件均以教育部、财政部两部联合发文的形式发布,反映出国家对此项工作的高度重视。至此,国家已经构建了较为完整的"双高计划"政策框架体系,各建设学校在国家的框架体系下开展建设工作。

"双高计划"的提出,是对高等职业教育地位和作用的新认识,也是对职业教育发展规律的深入探索。它明确了高等职业教育在国家人才培养体系中的重要地位,提出通过打造技术技能人才培养基地和技术技能创新服务平台,引领职业教育服务国家战略、融入区域发展、促进产业升级。这不仅有助于提升我国技术技能人才的素质和能力,也为我国经济社会的可持续发展提供了坚实的人才保障。

在政策框架体系方面,"双高计划"的实施为我国的高等职业教育发展带来了重大变革。为了保障这一计划的顺利实施,该计划提出了一系列具有针对性的措施和要求。

(一)加强组织领导被视为计划成功实施的关键

在现代社会中,高等职业教育作为教育体系的重要组成部分,对于培养高素质技术技能人才、推动经济社会发展具有深远的影响。然而,要实现高等职业教育的快速发展并非易事。它需要一系列完善的领导机制和工作机制的建立与运行,确保政策措施能够得到有效落实,从而形成良好的发展环境。

建立健全的领导机制是推动高等职业教育快速发展的关键。领导机制是决策、协调、执行和监督的核心,它决定了政策措施的制定质量和执行效率。各级政府和相关部门应充分认识到高等职业教育的重要性,将其纳入经济社会发展的总体规划,并成立专门的领导小组,负责统筹协调各方资源,制定具体的发展规划和政策措施。同时,领导机制还应注重科学决策,广泛听取各方意见,确保政策措施的针对性和可操作性。

在实践中,我们还应不断探索和创新领导机制和工作机制,以适应高等职业教育发展的新要求。例如,可以引入市场机制,通过政府购买服务、校企合作等方式,引导社会力量参与高等职业教育的建设。同时,还可以借鉴国内外先进的教育理念和管理经验,提高教育教学的质量和效率。我们还应关注高等职业教育的内涵式发展。在注重规模扩张的同时,更要关注教育质量的提升和教育特色的形成。通过加强师资队伍建设、完善课程体系、强化实践教学等措施,提高高等职业教育的整体水平和竞争力。建立健全的领导机制和工作机制是推动高等职业教育快速发展的关键所在。只有充分发挥政府、相关部门和教育工作者的作用,形成合力,才能为经济社会发展提供有力的人才保障和智力支持。让我们携手努力,共同推动高等职业教育的繁荣发展。

(二)加大财政支持力度是保障高等职业教育发展的重要举措

高等职业教育作为培养高素质技术技能人才的重要途径,对于推动经济社会发展具有不可替代的作用。但长期以来,高等职业教育经费短缺的问题一直困扰着教育机构和教育工作者,其严重制约了高等职业教育的发展。为了解决这一问题,各级政府和社会各界应当共同努力,加大投入力度,并积极引导社会资本参与,为高等职业教育的创新和发展提供坚实的物质基础。

各级政府应当将高等职业教育经费纳入财政预算,并根据实际情况逐年增加投入。通过加大财政投入,可以确保高等职业教育的基本运行和发展需求得到满足。同时,各级政府还可以通过制定优惠政策、提供税收减免等方式,鼓励企业和社会团体参与高等职业教育的投资和建设,形成多元化的经费来源。积极引导社会资本参与高等职业教育的投入,不仅可以缓解经费短缺的问题,还可以促进教育资源的优化配置和提高教育效率。社会资本具有灵活性和创新性,可以为高等职业教育提供多样化的教育服务和教育产品。例如,企业可以通过与高职院校合作,共同开展技术研发、人才培养等活动,实现资源共享和优势互补。社会团体和民间组织也可以通过捐赠、设立奖学金等方式,支持高等职业教育的发展。此外,为了确保社会资本的有效参与,政府还需要建立健全相关的法律法规和政策体系,规范社会资本投入高等职业教育的行为和方式。同时,政府还应加强对社会资本投入高等职业教育的监督和管理,确保经费使用的透明度和合理性,防止经费被挪用或滥用。

总之,加大投入力度并积极引导社会资本参与是确保高等职业教育有足够经费支持的重要途径。这不仅需要政府的重视和支持,还需要社会各界的积极参与和共同努力。只有这样,才能为高等职业教育的创新和发展提供坚实的物质基础,为社会培养更多高素质的技术技能人才。

(三)完善评价标准是推动高等职业教育质量和水平不断提升的关键

在追求教育现代化的道路上,制定科学、合理的评价标准显得尤为重要。这些标准不仅为学校和教育机构提供了明确的发展方向,还激发了教育工作者的积极性和创造力,为高等职业教育的蓬勃发展注入了新的活力。科学、合理的评价标准有助于引导学校和教育机构注重内涵式发展。内涵式发展强调学校在教育质量、师资力量、科研实力、管理水平等方面的全面提升,而非仅仅追求规模和数量的扩张。通过制定明确的评价标准,学校可以更加清晰地认识到自身在教育体系中的定位和发展方向,从而有针对性地加强薄弱环节,提高整体办学水平。这些评价标准对于提高教育质量和教学水平具有积极的推动作用。

评价标准的制定通常基于教育教学的客观规律和实际需求,应涵盖课程设计、教学方法、学生评价等多个方面。学校和教育机构在遵循这些标准的过程中，不仅能够优化教学内容和方法，还能够关注学生的个性化需求，从而实现教育质量的全面提升。此外，科学、合理的评价标准还能够激励广大教育工作者积极投身教育改革。在评价标准的指导下，教育工作者可以更加深入地研究教育教学的规律，探索新的教育理念和教学方法。他们可以通过参与课程改革、教学方法创新等活动，为高等职业教育的发展贡献自己的智慧和力量。这种激励作用不仅能够激发教育工作者们的工作热情，还能够促进整个教育行业的持续创新和发展。

（四）注重与国际接轨，积极借鉴国际先进经验和技术标准

与国际先进教育经验和技术的对接及融合，为我国的高等职业教育提供了更广阔的发展空间和更多的发展机遇。随着我国与世界各国在教育、经济、文化等领域的交流与合作日益加深，我国的高等职业教育也开始走向国际。通过与国外知名企业和高校的合作，我国的高等职业教育得以引进更多的国际先进教育技术和教育资源，为学生提供更多的国际交流和实习机会。这些机会不仅拓宽了学生的国际视野和跨文化交流能力，也为我国的高等职业教育在国际上赢得了良好的声誉和口碑。此外，通过与国际先进水平的对接和融合，我国的高等职业教育还为我国在国际职业教育领域的话语权提供了有力支撑。随着我国在国际职业教育领域的影响力日益增强，我国的高等职业教育也开始在国际舞台上发挥着越来越重要的作用。通过参与国际职业教育交流与合作、举办国际职业教育论坛等活动，我国的高等职业教育得以展示自己的办学特色和优势，分享自己的教育经验和实践成果。这些活动不仅提高了我国在国际职业教育领域的话语权和影响力，也为我国的高等职业教育在国际上树立了良好的形象和品牌。

回顾过去，"双高计划"作为我国高等职业教育发展的重要里程碑，不仅明确了我国高等职业教育的目标和发展方向，也为我国高等职业教育的发展提供了有力的支持和保障。展望未来，我们将继续深化"双高计划"，不断完善该计划的政策框架体系，推动我国高等职业教育实现更高质量、更可持续的发展。

在未来的发展中，"双高计划"将继续发挥其引领作用，推动我国高等职业教育不断迈上新的台阶。我们期待在"双高计划"的推动下，我国高等职业教育能够培养出更多高素质、高技能人才，为我国经济社会发展提

供更加坚实的人才支撑。同时，我们也期待在"双高计划"的推动下，我国高等职业教育能够不断提升自身的国际竞争力，为我国在国际职业教育领域赢得更多的尊重和认可。

第二节 "双高计划"对高职院校绩效管理的要求

"双高计划"下的高职院校绩效管理是一个复杂而关键的任务。这项计划旨在提高高职院校的教学质量和整体竞争力，使其更好地适应社会经济发展的需要。绩效管理在这个过程中发挥着重要的作用，有助于激发教师的工作热情，提高学生的学习效果，促进学校的持续发展。

一、"双高计划"对高职院校绩效管理实施的要求

在实施绩效管理时，高职院校需要建立一套科学、合理的评价体系。这个体系应该包括教学质量、科研成果、社会服务等多个方面，以全面反映教师的工作表现。

除了建立评价体系外，高职院校还需要制定明确的绩效目标和激励措施。绩效目标应该与学校的发展战略相契合，能够引导教师朝着正确的方向努力。这些目标应该具有可衡量性、可达成性和挑战性，以激发教师的工作积极性和创新精神。同时，为了激发教师的工作热情和创新精神，高职院校应该根据教师的实际需求和发展阶段，制定个性化的激励措施。这些措施可以包括物质奖励、职业发展机会、学术荣誉等多个方面，以满足教师不同层次的需求和期望。

在实施绩效管理的过程中，高职院校还需要注重沟通与反馈。通过定期的沟通和反馈，学校能及时了解教师的工作情况，发现问题并采取相应的措施加以改进。同时，教师也能了解自己的工作表现，明确自己的发展方向和目标。这种双向的沟通和反馈机制有助于建立信任、增进理解，并激发教师参与绩效管理的积极性和创造力。

总之，"双高计划"的高职院校绩效管理是一项系统性、长期性的工作。高职院校需要不断探索和创新，建立科学、合理的评价体系和激励机

制,促进教师的专业成长和学校的发展。只有这样,才能更好地适应社会经济发展的需要,为培养高素质的技术技能人才作出更大的贡献。

二、"双高计划"对高职院校绩效管理体系的要求

"双高计划"作为我国高职院校发展的重要战略,旨在提升高职院校的办学水平和综合实力。为实现这一目标,构建科学合理的绩效评价体系显得至关重要。下面将从多个方面对高职院校绩效评价体系的构建进行深入探讨。

(一)绩效评价体系的全面性

高职院校的绩效评价体系是一个综合性的评价工具,旨在全面反映学校的办学水平和综合实力。这一体系不仅涵盖了教学、科研、社会服务等多个方面,还注重细节和实效,以确保评价结果的客观性和准确性。

在教学方面,绩效评价体系应关注教学质量、课程设置、教学方法等多个方面。教学质量是高职院校办学的核心,因此评价体系应着重考查教师的教学水平、教学态度以及学生的学习成果。同时,课程设置也是教学的重要组成部分,评价体系应对课程设置的合理性、科学性进行考察。此外,教学方法也是影响教学效果的关键因素,评价体系应关注教师的教学方法是否先进、是否适合学生的需求。

在科研方面,绩效评价体系应注重科研成果的数量和质量,以及科研团队的建设。科研成果是衡量高校科研水平的重要指标,评价体系应对科研成果的数量、质量、影响力等进行全面评价。同时,科研团队的建设也是至关重要的,评价体系应关注科研团队的规模、结构、创新能力等方面。

在社会服务方面,绩效评价体系要关注学校为社会经济发展所做的贡献,如技术转化、人才培养等。高职院校作为为社会培养高素质技术技能人才的重要基地,应充分发挥其社会服务职能。评价体系应对学校的技术转化能力、人才培养质量、社会服务效果等进行全面评价,以反映学校在社会服务方面的综合实力。

高职院校的绩效评价体系应全面、客观地反映学校的办学水平和综合实力。通过深入论述和实证分析可以看到,绩效评价体系在教学、科研、社会服务等方面都有着重要的作用。此外,绩效评价体系并非一成不变,它需要根据社会发展和学校自身情况进行不断的调整和完善。只有这样,才能确保高职院校的绩效评价体系始终保持科学、合理、有效,为学校的持续发展和提高综合实力提供有力支持。

为了更好地发挥绩效评价体系的作用,高职院校还需要在实践中注重以下几点:首先,加强绩效评估的宣传和培训,让广大师生充分了解绩效评价的意义,增强评价的参与度和认同感;其次,注重数据的收集和分析,确保评价数据的真实性和准确性,为评价结果提供有力支撑;最后,强化绩效评价的反馈和改进机制,针对评价结果制定具体的改进措施和方案,促进学校的持续改进和发展。

总之,高职院校的绩效评价体系是一个综合性的评价工具,它涵盖了教学、科研、社会服务等多个方面,全面反映了学校的办学水平和综合实力。通过加强绩效评价的宣传和培训、注重数据的收集和分析、强化绩效评估的反馈和改进机制等措施,可以更好地发挥绩效评价体系的作用,为高职院校的持续发展和提高综合实力提供有力支持。

(二)绩效评价体系的个性化

高职院校的绩效评价体系应当根据不同专业、不同领域的特点进行个性化设置,以确保评价的公正性和有效性。

1. 个性化设置的意义

高职院校不同专业和领域有着各自独特的发展规律和需求。例如,工科专业注重实践操作和技能培养,而文科专业则更注重理论研究和创新思维。因此,绩效评价体系在设计时应当充分考虑这些因素,确保评价内容与各专业、领域的特点相匹配,避免"一刀切"的评价方式。这样不仅能够更准确地反映教职工的工作实绩,还能激发他们的工作热情和创新精神。

2. 个性化设置的具体措施

(1)明确评价标准。针对不同专业和领域,制定具体、明确的评价标准。这些标准应当既能反映专业的核心知识和技能要求，又能体现领域的发展趋势和未来需求。同时，评价标准还应具有一定的灵活性和可操作性，以适应不同学校和地区的实际情况。

（2）强化过程评价。除了关注最终成果外，还应加强对教学过程、教学方法和学生学习效果的评价。这有助于发现教学中存在的问题和不足，并及时进行改进和优化。同时，过程评价还能激发教职工的责任感和使命感，促进他们不断提升教学质量。

（3）引入第三方评价。为了确保评价的客观性和公正性，可以引入第三方评价机构或专家进行评价。这些机构或专家通常具有丰富的经验和专业知识，能够从更广阔的视角审视学校的绩效表现。同时，第三方评价还能为学校提供宝贵的意见和建议，有助于推动学校的持续改进和发展。

3. 实施个性化设置的挑战与对策

在实施个性化设置的过程中，高职院校可能会面临一些挑战。例如，如何制定科学、合理的评价标准？如何确保评价的公正性和有效性？为了解决这些问题，可以采取以下对策。

（1）加强调查研究。在制定评价标准时，应充分调研各专业和领域的实际情况和需求。通过深入了解教职工的工作内容、教学方法和学生需求等信息，制定出更加符合实际的评价标准。

（2）强化培训指导。针对教职工在绩效评价过程中可能遇到的问题和困惑，可以组织专门的培训和指导活动。通过这些活动，帮助教职工更好地理解和掌握评价标准和方法，提高他们的评价能力和水平。

（3）建立反馈机制。在实施绩效评价的过程中，应建立有效的反馈机制。通过定期向教职工反馈评价结果和建议，帮助他们及时发现问题并进行改进。同时，还应鼓励教职工提出自己的意见和建议，促进绩效评价体系的不断完善和优化。

综上所述，高职院校绩效评价体系的专业化与个性化设置是提高教育教学质量和管理水平的重要手段。通过充分考虑不同专业和领域的特点和需求，制定科学、合理的评价标准和方法，并加强培训指导和反馈机制建设等措施的实施，从而推动高职院校的持续发展和创新进步。

(三) 成果导向的绩效管理体系

随着"双高计划"的深入推进,高职院校的绩效管理体系面临着一场深刻的变革。该计划明确要求高职院校在绩效管理中突出成果导向,这一转变不仅意味着管理重心的转移,更代表着高职院校教育理念的更新。

在传统的绩效管理体系中,高职院校往往更注重过程管理,如教师的教学工作量、学生的出勤率等。然而,"双高计划"强调的成果导向,要求高职院校将关注点转向教育教学的实际效果和科研成果的质量。这种转变不仅要求高职院校在绩效目标的设定上更加明确和具体,还需要建立相应的激励机制,以鼓励教师和学生积极创新,产出更多高质量的教育科研成果。

为实现这一目标,高职院校首先需要设定明确的绩效目标。这些目标应该既具有挑战性又具有可实现性,能够引导教师和学生朝着既定的方向努力。同时,这些目标还应该与高职院校的整体发展战略相契合,以确保绩效管理工作的有序推进。其次,高职院校需要建立与成果导向相适应的激励机制。这些机制应该包括物质激励和精神激励两个方面,以满足教师和学生的不同需求。例如,对于取得显著科研成果的教师,高职院校可以给予相应的奖金、晋升机会等;对于学生,则可以设立奖学金、优秀毕业生等荣誉称号,以激发他们的创新热情。此外,高职院校还需要在绩效管理体系中加强过程监控和结果评估,通过对教育教学过程和科研成果的定期检查和评估,及时发现问题和不足,从而调整和优化绩效管理工作。同时,这种监控和评估也有助于高职院校及时总结经验教训,不断完善绩效管理体系。

成果导向的绩效管理体系并非一蹴而就的,它需要高职院校在制度建设、资源配置、师资培养等方面进行全面优化和升级。例如,高职院校需要完善科研设施和设备,为教师和学生提供良好的科研环境;同时,还需要加强师资队伍建设,引进和培养一批高水平的科研人才。高职院校还需要加强与行业企业的合作与交流,了解社会经济发展的需求和趋势,以便更好地调整和优化教育教学内容和科研方向。这种合作与交流不仅有助于提升高职院校的科研实力和社会影响力,也有助于提高学生的就业竞争力和社会适应能力。

总之,"双高计划"下的高职院校绩效管理体系变革是一场深刻的挑战和机遇。高职院校需要紧紧抓住这一机遇，以成果导向为引领，全面优化和升级绩效管理工作。只有这样，高职院校才能在激烈的竞争中脱颖而出，为社会经济发展培养更多高素质的技术技能人才。

（四）可持续发展的绩效管理体系

"双高计划"作为我国高职教育的重要战略，旨在推动高职院校的高质量发展。在这一背景下，高职院校的绩效管理体系显得尤为重要。它不仅要关注短期内的绩效成果，更要注重长期的可持续发展。实现这一双重目标要求高职院校在各个方面都要进行深思熟虑和全面规划。

高职院校需要优化资源配置，包括资金的分配、教学设备的更新、校园环境的改善等方面。通过科学合理的资源配置，能确保教育教学的顺利进行，从而提高教育教学的质量和效率。同时，优化资源配置也有助于提升高职院校的整体竞争力，为长期发展奠定坚实的基础。

提高教育教学质量是高职院校的核心任务，这要求高职院校不仅要注重知识的传授，更要培养学生的实践能力和创新精神。为此，高职院校应加强与企业、社会的合作，引入先进的教学方法和手段，提高教师的教育教学水平。通过这些措施，可以培养出更多高素质、高技能的人才，为社会发展作出贡献。

加强师资队伍建设是高职院校实现可持续发展的关键。优秀的教师是高职院校教育教学质量的保障。因此，高职院校需要加大对师资队伍的投入，提高教师的待遇和地位，吸引更多的优秀人才加入。同时，高职院校还要加强对教师的培训和考核，提高教师的专业素养和教学能力。

推动科研创新和社会服务是高职院校实现全面、协调、可持续发展的重要途径。高职院校应利用自身的科研优势，积极开展科研创新活动，推动科技进步和社会发展。同时，高职院校还应发挥自身的社会服务功能，为社会提供技术支持和人才培养服务，推动地方经济的发展。

"双高计划"下的高职院校绩效管理体系需要关注短期与长期发展的双重目标。通过优化资源配置、提高教育教学质量、加强师资队伍建设、推动科研创新和社会服务等措施，实现高职院校的全面、协调、可持续发展。这不仅有助于提升高职院校的整体实力和竞争力，也有助于为社会培养更多高素质、高技能的人才，推动社会的进步和发展。

(五)开放性和灵活性的绩效管理体系

在经济社会高速发展的背景下,高职院校作为培养高素质技术技能人才的重要基地,其绩效管理体系的完善与否直接关系到人才培养的质量和效率。特别是在当前教育改革持续深入的形势下,高职院校面临着前所未有的挑战和机遇。因此,实施"双高计划"成为高职院校改革发展的重要举措之一。

"双高计划"要求高职院校绩效管理体系具有开放性和灵活性,这是高职院校应对外部环境变化、满足内部需求升级的关键所在。具体而言,高职院校的绩效管理体系需要根据经济社会发展的新形势、行业发展趋势和政策变化等因素进行动态调整和优化。只有这样,高职院校才能更好地适应外部环境的变化,满足内部需求的升级,实现人才培养质量和效率的提升。

为实现这一目标,高职院校需要加强与外部环境的沟通与合作。一方面,高职院校需要密切关注行业发展趋势和政策变化,及时了解市场需求和行业发展动态,以便调整专业设置和课程体系,提高人才培养的针对性和实效性。另一方面,高职院校还需要加强与企业和社会的合作,积极开展实践教学、校企合作等项目,提高学生的实践能力和综合素质,增强毕业生的就业竞争力。同时,高职院校还需要加强内部管理创新,不断完善和优化绩效评价体系和激励机制。具体而言,高职院校需要建立科学合理的绩效评价体系,将教学、科研、社会服务等方面的工作纳入评价体系,并根据不同岗位和职责设置不同的评价指标和权重。此外,高职院校还需要建立有效的激励机制,通过物质和精神双重激励,激发教师的工作积极性和创造性,推动高职院校的改革发展。

三、"双高计划"下高职院校绩效管理改革策略

(一)明确改革目标,完善管理机制

在"双高计划"的推动下,高职院校的绩效管理目标的设定显得尤为重要。绩效管理的核心理念在于促进学校的长远发展,提高整体竞争力,

提升教师素质，激发教师的教学热情和主动性，进而营造积极向上的组织文化。它不仅是一种管理手段，更是激发个体和团队潜能，推动组织持续进步的关键要素。

对于高职院校来说，绩效管理的实施并非易事，它涉及学校的各个层面和教职工的切身利益。因此，为了确保绩效管理的顺利实施，学校需要成立专门的领导机构和工作委员会，负责绩效的考核和评估工作。这些机构应由教务部、人事部等部门的优秀人员组成，他们负责定期检查、抽查工作进展，对现有的绩效管理制度进行完善，并对绩效结果的实施情况进行及时反馈。

在此基础上，绩效管理还需要发挥其桥梁作用，积极收集真实的教学资料，加强对教师教学技巧的引导和培训。同时，定期组织座谈会，加强与学生之间的沟通与互动，以便获取学生的真实反馈。这些措施有助于确保绩效管理能够真正贴近教学实际，满足学生和社会的需求。

此外，为了确保各类指标体系的顺利实现，高职院校还需要建立健全督查制度。督查制度可以对奖惩、晋升、薪酬等反馈环节进行全面监督，确保考核结果的公正性和准确性。同时，它还能促使考核结果更好地应用到实践中，为绩效考核提供有力的支持。

(二) 完善管理程序，厘清管理关系

绩效管理作为组织内部管理的核心环节，涵盖了计划、执行、评价、反馈、改进与创新等多个程序。这些程序相互关联，共同构成了一个完整而复杂的体系。为了确保绩效管理的有效性，这些程序都至关重要，缺一不可。

计划制订：绩效管理的起点在于制订明确的绩效计划。这一计划不仅明确了各方的权利、责任与利益，还为各个层级设定了清晰、统一的发展目标。这一目标的设定需要细致入微，因为每位教师的情况各异，各门课程的教学目标也各不相同。因此，绩效目标必须能清晰地反映出对教师的具体要求，以使他们有明确的奋斗目标，从而激发其主动性和积极性。

评价：在初步拟定绩效计划后，管理者与教师需就评价的核心问题达成共识。这些核心问题包括但不限于：本绩效周期的工作内容与职责、应体现的成果、评价工作好坏的标准、如何划分绩效周期中的阶段、目标达成过程中可能遇到的困难和阻力、管理者与教师的沟通方式，以及教师需要的管理支持与协助等。

反馈：在实施绩效管理过程中，信息的收集与反馈至关重要。为确保信息的真实性和客观性，需要采用多种信息收集方法，如观测法、日常签到法和外部评价法等。观测法可以直接观察教师的工作状态并记录在档案中；日常签到法可以借助科室记录分析教师绩效完成情况；外部评价法则可以根据他人的评价明确教师的工作实效，如通过问卷调查、评价表和反馈意见书等方式收集并反馈学生和同事的意见和建议。

（三）优化绩效评价，提升评价质量

在现代管理体系中，绩效评价作为评估工作成效的核心手段显得尤为重要。它不仅关乎个体的工作效率与成就，更在一定程度上决定了组织的长远发展。对于教育领域而言，教师的绩效评价更是激发教师工作积极性、提升教学质量的关键环节。因此，建立一个公正、有效、具有激励性的教师绩效评价体系显得尤为重要。

在构建教师绩效评价体系时，首先要明确其目的和意义。绩效评价不仅是对教师工作成果的量化评估，更是对教师个人成长和专业发展的有力推动。通过绩效评价，可以将教师的职称评审、工资发放、奖励、聘任等方面紧密联系起来，形成一个激励教师不断提升自身能力、积极参与教学改革的良性循环。

1. 绩效评价与职称评审、工资发放、奖励、聘任等紧密结合

通过科学的绩效评价体系，可以将教师的工作表现与其职称晋升、工资待遇、奖金发放、岗位聘任等方面挂钩，使优秀的教师得到应有的回报，进而激发广大教师的工作热情和积极性。

2. 强化师资队伍的培训与开发工作

绩效评价不仅是对教师工作成果的评价，更是对教师个人能力和发展需求的反映。通过绩效评价，可以明确教师对于培训的需求，从而有针对性地开展师资队伍的培训与开发工作。这不仅有助于提升教师的综合素质和教学能力，更是实现学校长远发展的重要保障。

在培训方面,要将短期培训和长期培训相结合。短期培训主要针对新入职教师和兼职教师,通过脱产培训的方式,迅速提升其专业技能和业务水平。而长期培训则更加注重教师的职业发展,通过持续地学习和培训,使教师能够适应教育改革和发展的新要求。

3. 应用一体化教学模式和轮岗制

为了进一步提升教师的教学水平和综合素质,可以应用一体化教学模式和轮岗制。一体化教学模式将理论与实践相结合,使教师能够更好地将理论知识运用到实际教学中。轮岗制可以根据教师的专业和学校轮岗情况来制订轮岗计划,推行产学研结合模式,将学校与企业的资源、环境相整合,为学生发展打造强有力的优质"双师型"教师队伍。这不仅有助于提升教师的教学水平和综合素质,还能够为学生提供更加全面、深入的学习体验。

(四)适时开展反馈,优化反馈内容

为了提升教学质量、优化学校运营,管理者必须加强与教师的面对面交流,根据考核情况做出科学、公正的评价,并建立健全绩效考核反馈模式。这既是推动高职院校可持续发展的需要,也是实现"双高计划"目标的必然要求。

1. 制定科学的信息反馈制度

在高职院校的绩效管理工作中,信息反馈是至关重要的一环。学校应制定科学的信息反馈制度,确保管理者和教师能够及时了解绩效考核的结果,并根据反馈效果来制订下一步的工作计划。这一制度应明确反馈的时间、内容、方式等要素,确保反馈的及时性和有效性。

2. 加强面对面交流,确保反馈质量

管理者在与教师进行面谈时,应坚持对事不对人的原则,以教师的工作表现为关注点。反馈内容应详细、具体,避免出现不客观、模棱两可的

内容。同时，管理者应以事实为依据，用事实说话，确保反馈的公正性和准确性。在反馈过程中，管理者应保持双向交流，与教师共同协商解决问题，针对性地改进教学计划，并提前制订下一期行动计划。

3. 优化反馈内容，提高反馈效率

为了提高反馈效果，学校应优化反馈内容，确保反馈时间不宜过长。同时，学校应为教师增加更多的反馈机会，激活教师的反馈积极性。在反馈过程中，学校应将绩效反馈重点放在问题的解决上，多给予教师鼓励和支持，少进行批评和指责。此外，学校还应拟定科学的改进目标，并定期检查进度，确保改进措施的落实。

总之，在"双高计划"背景下，高职院校必须加强与教师的面对面交流，制定科学的信息反馈制度，优化反馈内容，提高反馈效率。同时，学校还应积极实施"双高计划"，推动与企业、行业的深度融合，建设"双师型"队伍，促进共同发展。这些措施将有助于提升高职院校的教学质量和办学水平，为培养更多高素质技术型人才作出积极贡献。

第三节 "双高计划"对高职院校教师队伍建设的要求

"双高计划"是中国政府为了提升高职院校的教育质量和办学水平而实施的一项重要计划。该计划对高职院校教师队伍建设提出了明确的要求，旨在打造一支高素质、专业化、适应高职教育改革发展需要的教师队伍。

随着"双高计划"的深入实施，高职院校教师队伍的建设问题愈发显得重要。这一计划不仅是对高职教育的全新定位，更是对教师队伍专业化的呼唤。它要求高职院校的教师不仅要具备扎实的专业知识和技能，还要在教育教学能力和实践经验上有所建树。

一、高职院校教师队伍的专业化发展是"双高计划"的核心要求

在当今高等教育体系中,教师的专业化发展不仅是一项基本要求,更是一种核心战略。对于高职院校来说,拥有一支专业化、高水平的教师队伍是提升整体教育质量、培养高素质人才的关键所在。因此,高职院校应当把教师的职业培训和继续教育放在至关重要的位置,通过一系列有效的措施,推动教师队伍的专业化发展。

高职院校需要建立健全教师培训体系,包括制订详细的培训计划,明确培训目标、内容和方式。培训内容应涵盖教育教学理论、专业技能、教学方法等多个方面,以确保教师能够全面提升自己的专业素养。同时,高职院校还应积极引进外部优质教育资源,邀请行业专家、学者来校举办讲座、研讨会等活动,为教师提供与国内外同行交流学习的机会。

高职院校应当加强教师学术能力的提升。学术研究是教师专业发展的重要组成部分,也是提高教育教学质量的重要保障。高职院校应当鼓励教师参与各类学术活动,如课题研究、论文发表、专利申请等,提升教师的学术水平和研究能力。同时,高职院校还应设立相应的奖励机制,对在学术研究中取得突出成果的教师给予表彰和奖励,激发教师的学术热情和创新精神。

高职院校还应关注教师的教育教学实践能力的提升。教育教学实践是教师专业发展的重要环节,也是教师将理论知识转化为实际教学能力的重要途径。高职院校应当鼓励教师积极参与教学改革和实践活动,如开展课程创新、教学方法改革等,提升教师的教学水平和教学效果。同时,高职院校还应建立完善的教学质量评估体系,定期对教师的教学进行评估和反馈,帮助教师发现自己的不足并改进教学方法。

高职院校还需要为教师提供良好的职业发展环境,包括提供良好的工作条件、福利待遇和职业发展机会等。此外,高职院校应当关注教师的职业发展规划,为教师提供多元化的职业发展路径和晋升机会,激发教师的职业认同感和归属感。同时,高职院校还应加强教师团队建设,促进教师之间的合作与交流,形成良好的教育生态。

二、"双高计划"强调高职院校教师队伍的实践能力培养

高职教育的核心使命是培养一批既具备扎实理论知识,又拥有丰富实践经验和创新精神的高素质人才。这一目标的实现离不开教师的专业素质和实践经验。因此,高职院校应当采取一系列措施,鼓励并促进教师积极参与企业实践、项目研发等活动,以此提升他们的实践能力和创新意识。

对于教师而言,单纯的理论知识传授已经无法满足现代高职教育的需求。教师的实践经验对于培养学生的实践能力和创新精神至关重要。通过参与企业实践、项目研发等活动,教师可以深入了解行业的最新动态和市场需求,将理论与实践相结合,形成更加生动、具体的教学内容。同时,这些活动也能激发教师的创新意识,促使他们不断探索新的教学方法和手段,为学生提供更加丰富的学习体验。

高职院校还应鼓励教师建立健全实践教学体系,为学生提供更多的实践机会。实践教学是培养学生实践能力和创新精神的重要途径。学校可以通过校企合作、实习实训、课程设计等方式,为学生提供丰富多样的实践平台。

高职院校还可以通过举办各类竞赛、讲座、研讨会等活动,为教师和学生提供展示自我、交流学习的机会,以此促进教师带领学生提高实践能力。

三、"双高计划"高度重视高职院校教师队伍的师德师风建设

教师的职业道德和师风对学生的成长具有深远的影响,这一点在高职院校中尤为重要。为了培养出品德高尚、学业优秀的未来人才,高职院校必须高度重视教师的师德师风建设,并将其贯穿于教育教学的全过程。教师的职业道德是指教师在从事教育教学活动中应遵循的道德准则和行为规范。它不仅体现了教师的个人品质,更直接关系到学生的成长和发展。一位具备高尚职业道德的教师,不仅会传授知识,更会以身作则,引导学生树立正确的世界观、人生观和价值观。因此,高职院校应当加强对教师的师德师风教育和考核,确保每一位教师都具备较高的职业道德水平。

为了实现这一目标,高职院校可以建立健全师德师风评价机制。该机制应包括定期的教师师德师风评估、师德标兵评选等环节。通过这些评价活动,可以发现和表彰那些在教育教学过程中表现出色的教师,同时激励其他教师向他们学习,共同提高师德师风水平。此外,高职院校还可以通过举办师德论坛等活动,为教师提供一个交流学习的平台。在这些活动中,教师们可以分享自己在教育教学过程中的心得体会,探讨如何更好地培养学生的品德和学业。这样的活动不仅能够激发教师的职业荣誉感和责任感,还能够促进教师之间的团结合作,共同为学生的健康成长贡献力量。

四、"双高计划"要求高职院校教师队伍要具备国际化视野

随着全球化浪潮的推进和国际交流的日益频繁,高职教育作为培养高素质技术技能人才的重要基地,其国际化进程已然成为刻不容缓的课题。在这一背景下,高职院校不仅要致力于提升学生的专业技能,更应注重培养具备国际视野和跨文化交流能力的优秀人才。

高职院校应当积极引进海外优秀人才,以多元化的师资结构推动教学质量的提升。通过制定更具吸引力的政策,如提供优厚的薪酬、住房及子女教育等条件,吸引海外高层次人才加盟,为高职院校注入新的活力。这些海外人才不仅具备丰富的学术背景和实践经验,还能带来不同的教育理念和教学方法,从而推动高职院校的教学改革和创新。

加强教师的国际交流和培训,提高教师的国际化水平和跨文化交流能力至关重要。高职院校可以定期派遣教师赴海外进行学术交流、访学或参加国际学术会议,使教师能够直接接触和了解国际前沿的教育理念和教学方法。同时,高职院校还可以邀请海外知名专家学者来校举办讲座或短期授课,让教师们在家门口就能感受到国际化的教育氛围。

高职院校还可以通过开展国际合作项目,拓宽教师的国际视野,提高高职院校的整体国际竞争力。这些合作项目可以包括学生交流、联合培养、科研合作等多种形式。通过与国际知名高校或企业建立合作关系,高职院校可以为学生提供更多的国际实践机会,培养他们的跨文化交流能力和国际竞争力。同时,合作项目也能为高职院校带来更多的国际资源,促进高职院校的学术研究和学科发展。

总之,加强国际交流与合作是高职教育适应全球化发展趋势的必然

选择。高职院校应积极引进海外优秀人才,加强教师的国际交流和培训,通过参与国际学术会议、开展国际合作项目等方式,拓宽教师的国际视野,提高高职院校的整体国际竞争力。只有这样,才能培养出更多具有国际视野和跨文化交流能力的高素质技术技能人才,为我国的经济和社会发展作出更大的贡献。

第二章

高职院校教师绩效考核与绩效管理概述

　　高职院校教师绩效考核与绩效管理是提升教师工作积极性、优化教育资源配置、提高教育教学质量的重要手段。绩效考核是对教师工作表现的一种量化评价，它基于教师的工作职责、教学目标、科研成果等多个维度，通过科学、公正、公平的评价方法，对教师的工作绩效进行客观评价。而绩效管理则是一种以教师绩效为核心的管理方式，它强调目标导向、过程监控和结果反馈，旨在通过有效的管理手段，激发教师的工作潜能，提升教师的综合素质和教学水平。在高职院校中，教师绩效考核与绩效管理是相辅相成的。绩效考核为绩效管理提供了数据支持和评价依据，而绩效管理则通过目标设定、过程监控和结果反馈等环节，为教师提供了明确的工作方向和动力支持。通过绩效考核与绩效管理的有机结合，可以形成一套科学、有效的教师激励机制，促进教师的专业成长和职业发展。为了充分发挥教师绩效考核与绩效管理的作用，高职院校需要制定科学、合理的评价标准和评价体系，确保评价结果的客观性和公正性。同时，还需要加强对评价过程的监督和管理，避免出现评价不公、评价失误等问题。此外，高职院校还需要为教师提供充分的培训和支持，帮助教师了解评价标准和方法，增强教师的评价意识和能力。简而言之，高职院校教师绩效考核与绩效管理是提升教师工作积极性、优化教育资源配置、提高教育教学质量的重要手段。高职院校需要加强对教师绩效考核与绩效管理的重视和投入，不断完善评价标准和评价体系，提高评价的科学性和公正性，为教师的专业成长和职业发展提供有力的支持和保障。

第一节 绩效、绩效考核与绩效管理的内涵

一、绩效的内涵

绩效,简而言之,就是在工作或活动中所取得的结果和成效。

绩效涵盖了组织、团队以及个人在工作过程中所取得的成果和效果。它不仅反映了工作的数量,更体现了工作的质量以及完成工作的方式和态度。

从组织的角度来看,绩效是组织实现其战略目标的重要手段。一个组织的绩效水平直接决定了其市场竞争力、创新能力和发展潜力。因此,组织需要建立一套科学、公正的绩效评价体系,以激励员工积极工作,提高整体绩效水平。

从团队的角度来看,绩效是团队协同作战、共同实现目标的重要体现。一个团队的绩效水平取决于团队成员之间的合作默契、沟通能力以及各自的专业能力。团队绩效的提升需要团队成员共同努力,相互支持,形成合力。

从个人的角度来看,绩效是个人工作能力和工作态度的直接体现。个人的绩效水平不仅关系到个人的职业发展,也影响到组织的整体绩效。因此,个人需要不断提升自己的专业能力、沟通能力和解决问题的能力,以实现个人绩效的提升。

总之,绩效的内涵丰富多样,它不仅是一种评价标准和手段,更是一种价值导向和动力源泉。在绩效管理过程中,我们需要深入理解绩效的内涵,注重绩效的全面性和公正性,以激发组织和个人的潜力,推动组织和个人共同发展。

二、绩效考核的内涵

绩效考核是一种评估员工工作表现的管理工具,它通过对员工在一定时间内的工作成果、能力、态度等方面进行评价,来反映员工的工作绩

效。绩效考核的目的是激励员工更好地完成工作任务,提高工作效率,同时也是企业制定薪酬、晋升、培训等方面决策的重要依据。

绩效考核的内涵主要体现在以下几个方面。

第一,体现在其评估的全面性上。它不仅关注员工的工作成果和业绩,还关注员工的工作态度、能力和潜力。这种全面的评估方式有助于组织更全面地了解员工的表现和潜力,为制订个性化的培训计划和职业发展路径提供依据。

第二,体现在其评估的公正性和客观性上。通过制定明确的评估标准和流程,绩效考核能够确保评估结果的公正性和客观性,避免受主观偏见和人为因素的影响。这种公正和客观的评估方式有助于增强员工的信任感和归属感,提高员工的工作积极性和满意度。

第三,体现在其与组织战略目标的紧密关联上。绩效考核的目的不仅是评估员工的表现,更是推动员工为实现组织战略目标而努力。因此,在建设绩效考核体系时,需要充分考虑组织的战略目标和业务特点,确保评估指标与战略目标相一致。

第四,体现在其持续改进和优化上。随着组织内外部环境的变化和员工队伍的不断壮大,绩效考核体系也需要不断地进行改进和优化。通过定期评估和调整评估指标、权重和流程等,可以确保绩效考核体系始终与组织的发展需求相匹配,为组织的可持续发展提供有力支持。

简而言之,绩效考核的内涵丰富多样,包括全面性、公正性、客观性、与企业战略目标的紧密关联以及持续改进和优化等方面。这些内涵共同构成了绩效考核的核心要素,为组织的绩效管理和员工发展提供了有力的支持和保障。

(一)考核主体与考核对象

绩效考核作为高职院校行政管理的重要手段,对于推动高职院校的发展、激发教师教学潜能具有重要意义。在绩效考核中,合理的考核主体不仅是程序、流程、目标和意义的制定者,更是决定和影响绩效考核工作目标、绩效管理目标实现效果的关键因素。

合理的考核主体能够确保绩效考核的程序和流程更加科学、规范。考核主体应该具备专业的管理知识和实践经验,能够深入了解高职院校行政管理的特点和教师的工作情况,从而制定出符合高职院校实际情况的绩效考核方案。同时,考核主体还应该注重程序的公正性和透明度,确保考核过程公开、公平、公正,避免出现不公正、不合理的情况。

合理的考核主体能够明确绩效考核的目标和意义。考核主体应该明确绩效考核的核心目标是提升教学质量、促进高职院校整体办学质量,而不是简单地评价教师的教学表现。因此,考核主体应根据高职院校发展战略目标和教师的岗位职责,制定出具体的考核指标和标准,使绩效考核更加具有针对性和可操作性。

合理的考核主体能够决定和影响绩效考核工作目标、绩效管理目标的实现效果。考核主体应该注重绩效管理的整体性和系统性,将绩效考核与高职院校发展战略目标、教师的职业发展规划相结合,形成完整的绩效管理体系。同时,考核主体还应该注重绩效反馈和辅导,及时与教师沟通,帮助教师发现自身的潜力和不足,促进教师的专业成长。

总之,合理的考核主体在绩效考核中扮演着至关重要的角色。只有具备专业的管理知识和实践经验、注重程序的公正性和透明度、明确绩效考核的目标和意义、注重绩效管理的整体性和系统性,才能确保绩效考核工作目标、绩效管理目标的实现效果。

1. 绩效考核的多元主体

高职院校目标管理中的绩效考核是一个极为关键的过程,它是衡量高职院校内部各部门及个体工作目标完成情况的重要工具。绩效考核不仅有助于领导者了解团队或个人的工作表现,还能为未来的决策提供数据支持。然而,在实际操作中,不少高职院校在绩效考核方面存在着误区,尤其是对于考核主体的认知上存在较大的偏差。许多高职院校的管理者错误地认为,主管各项工作的中层干部,如教务处处长、科技处处长、研究生院院长等,由于他们负责相应领域的具体工作,因此自然而然地成了该领域的专家,并应当成为该领域的考核主体。这种观念导致这些中层干部在考核过程中往往以"我的地盘听我的"为原则,将自己作为考核主体,而非公正、客观的第三方评价者。实际上,这些中层干部虽然对各自领域的工作有一定的了解和管理经验,但他们并不一定是该领域的专家。他们的专业背景、知识结构和经验可能并不如长期工作在一线的教师和管理者。因此,让他们作为考核主体,仅凭个人喜好来打分评级,很容易导致绩效考核过程和结果的主观性。这种主观性表现在主管领导往往给予"人情分"过多,而公正分较少;印象分过多,而客观分较少。这样的考核方式很难确保公平公正地评价每一个单位或个人的工作表现。为了解决这个问题,高职院校应当明确区分主管与主体的概念,并选择背景多元的考核专家参与绩效考核过程。这些考核专家可能来自高职院校内部的不同学科和岗位,也可能是来自外部的专业机构或行业专家。他们应具备丰富的专业知识和实践经验,能够客观、公正地评价被考核者的工作表现。这样可以有效地减少绩效考核的主观性,提高评价的客观性和公正性,从而更好地推动高职院校的目标管理工作。

具体而言,考核专家可以包括以下几类人。

校外专家。他们具有专业知识和丰富的经验,能够客观地对高职院校的教学、科研和管理等方面进行评价。他们的参与有助于引入外部视角,为学校的发展提供有益的建议。

素质高、觉悟高的离退休教职工。他们有着丰富的教学经验、管理经验和良好的道德风范,能够公正地评价职能部门、二级学院的工作业绩。他们的参与不仅有助于传承和发扬学校的优良传统,还能为学校的发展提供宝贵的建议。

师生代表。他们是高职院校教学科研的直接参与者和受益者,能够真实地反映职能部门、二级学院的工作情况和满意度。他们的声音和意见应得到充分重视,以促进学校的持续改进和发展。

学校领导。他们是高职院校管理和发展的主要责任者和决策者,能够全面地把握职能部门、二级学院的工作目标和要求。学校领导应发挥好领导作用,为绩效考核工作提供指导和支持,确保考核工作的顺利进行。

在高职院校教师的绩效考评过程中,行政部门应扮演好组织者、辅助者的角色,而非裁决者。这意味着行政部门应该为教师的工作和发展提供一个良好的环境,尊重知识、尊重人才,强化大学的学术权力。行政部门应协助考核主体进行绩效考核工作,提供必要的支持和帮助,确保考核工作的顺利进行。同时,行政部门还应该关注教师的需求和意见,积极回应教师的关切,为教师的发展提供有力的支持。

高职院校绩效考核主体的多元化及其角色定位对于提高教师的教学质量和促进学校发展具有重要意义。通过多元选择考核主体、明确各主体的职责和角色定位、强化大学的学术权力等措施,可以为高职院校的绩效考核工作注入新的活力,推动学校的持续改进和发展。[①]

2.绩效考核的对象

高职院校的绩效考核工作作为评价教职员工工作表现的重要手段,对于提升学校整体教学质量和管理效率具有至关重要的作用。在绩效考核过程中,需要针对全校教职员工进行细致的分类和分级考核,以确保考核的公正性和有效性。

高职院校的教职员工按照岗位性质可以分为多个大类,如教学类、科研类、党政管理类、教辅类、工勤类等。每个大类下又细分了若干小类,如教辅岗位可以分为实验教学、实验管理、图书资料、其他专业技术等。这些岗位的工作内容和性质各有差异,因此在绩效考核时需要针对每个岗位的特点进行具体的考核设计。对于教师岗位,其日常工作主要是教学,因此在绩效考核中应重点考虑教学质量、教学效果、教学创新等因素。对于行政后勤岗位,由于其工作内容多样化,因此考核时需要根据具体岗位的工作职责和绩效目标来制定考核标准。

除了要对考核对象进行细分,还要细化考核目标。这不仅可以确保考核的公正性和准确性,还可以帮助教职员工明确自己的工作方向和目标,从而激发其工作积极性和创造力。

另外,在绩效考核工作中,还需强化教职员工对绩效考核的认知,提高其对绩效考核的重视程度及认可程度。通过确立正确的绩效考核理念,引导教职员工从思想上发生转变,并驱动其行动改变。这样绩效考核就能充分发挥其对教职员工工作行为的规范、约束、监督与激励作用,从而实现绩效考核的最终目的。为了更好地实施绩效考核工作,可以引入第三方评估机构或专家进行绩效考核指导和监督,以提高考核的专业性和客观性。同时,建立健全绩效反馈机制,让教职员工及时了解自己的绩效情况,并根据反馈进行改进和提升。

高职院校的绩效考核工作是一项复杂而重要的任务。通过细分考核对象、细化考核目标、强化教职员工对绩效考核的认知和引入第三方评估机制等措施,可以全面提升绩效考核的有效性,激发教职员工的工作热情

[①] 叶昭华.新时期下高校教师绩效管理探析[J].现代经济信息,2014(13):58-59.

和创新精神,为学校的长远发展奠定坚实基础。①

(二)绩效考核指标体系

高职院校作为培养高素质技术技能人才的重要基地,其管理水平和教育质量的提升是教育领域的重要课题。而构建科学、合理的高职院校部门绩效考核指标体系,全面反映各部门的工作成果,是提高管理水平和教育质量的关键环节。

1.绩效考核指标体系的维度

高职院校的部门绩效考核指标可以分为四个维度:业绩、效率、效能和成本。业绩指标主要衡量部门完成目标任务的数量和质量,如教学任务的完成情况、科研成果的产出等;效率指标关注部门工作的速度和流程,如教学进度、行政审批速度等;效能指标强调部门工作的效果和质量,如学生满意度、教学质量评价等;成本指标则关注部门在完成任务过程中的资源消耗和成本控制情况。这四个维度相互关联、相互补充,共同构成了高职院校部门绩效考核的完整框架。

(1)业绩指标

高职院校作为培养高技能、高素质人才的重要基地,其工作特点和目标具有独特性。为了更好地衡量和评估高职院校的绩效,我们需要制定一套全面而细致的业绩指标体系。这个体系不仅要涵盖教学质量、科研能力、社会服务和管理效能等多个方面,还要结合高职院校的实际情况,对每个指标进行具体而深入地分析和量化。

首先,教学质量指标是高职院校绩效评价体系的核心。教学质量直接关系到学生的培养质量,也是高职院校赖以生存和发展的基石。因此,教学质量指标应包括课程设置、教学方法、学生满意度、教学成果、毕业生就业率等方面。具体而言,可以制定如下教学质量指标。

课程设置:考察高职院校的课程设置是否符合行业需求、是否具备前瞻性和创新性,以及是否能够为学生提供充足的实践机会。

教学方法:评价教师的教学方法是否灵活多样、是否注重学生的实践

---

① 孙华.高校人力资源管理中绩效考核的问题及创新途径[J].投资与创业,2023,34(11):157-159.

第二章
高职院校教师绩效考核与绩效管理概述

能力培养,以及是否能够激发学生的学习兴趣和主动性。

学生满意度:通过调查问卷、座谈会等方式,了解学生对教学质量的满意度,包括对教师教学水平的评价、对课程设置的满意度等。

教学成果:评估教师的教学成果,如获奖情况、论文发表情况等,以及学生的学业成绩、技能水平等。

毕业生就业率:统计毕业生的就业率,分析毕业生的就业去向和就业质量,以反映高职院校的教学质量和社会认可度。

其次,科研能力指标也是高职院校绩效评价体系的重要组成部分。科研能力不仅是高职院校综合实力的重要体现,也是提升学校声誉和影响力的重要途径。因此,科研能力指标应包括科研项目数量及质量、论文发表、专利申请、科研经费等方面。具体而言,可以制定如下科研能力指标。

科研项目数量及质量:统计高职院校承担的科研项目数量,分析项目的来源、级别和经费规模,以及项目的完成情况和成果质量。

论文发表:考察高职院校教师的论文发表情况,包括论文的数量、发表刊物的级别和影响力、被引用次数等。

专利申请:评估高职院校的专利申请数量和授权情况,以及专利的转化率和市场价值。

科研经费:统计高职院校的科研经费总额和来源,分析科研经费的使用效率和效益。

除了教学质量和科研能力指标外,社会服务指标和管理效能指标也是高职院校绩效评价体系的重要组成部分。社会服务指标主要考察高职院校为社会提供的服务质量和效果,如技术咨询服务、职业培训、社区服务等。管理效能指标则主要评估高职院校的管理水平和效率,如行政管理、教学管理、学生管理等。

总结而言,高职院校的业绩指标体系应包括教学质量指标、科研能力指标、社会服务指标和管理效能指标等多个方面。每个指标都需要具体而深入地进行分析和量化,以确保绩效评价的全面性和准确性。同时,我们还需要结合高职院校的实际情况,不断完善和优化业绩指标体系,以推动高职院校的可持续发展和提升。

(2)效率指标

高职院校部门的效率是指在其管理活动中,管理者所取得的成果与所消耗的人力、物力、财力和时间的比例关系。这种效率不仅关乎学校的日常运营,更直接关系到教育资源的合理配置和教育质量的提升。因此,对高职院校部门效率的评估和提升具有极其重要的意义。

要全面理解高职院校部门的效率,需要从多个维度进行考量。这些维度包括但不限于公共产品或服务的数量、质量、时效、费用,以及行政能力的发挥水平和组织系统要素及整体的运行状况。例如,提供公共服务与产品的单位成本、部门的办公物品损耗费用等,都是反映部门效率的重要指标。这些指标不仅可以量化部门的运行成本,更能揭示出部门在运行过程中的问题和不足。这些指标共同构成了高职院校部门效率的评估体系,为我们提供了全面、客观的评估视角。

提升高职院校部门效率的途径多种多样。一方面,可以通过优化管理流程、提高管理者的管理能力和素质,来提升部门的运行效率。另一方面,可以通过引入先进的管理理念和技术手段,如信息化管理、数据分析等,来提升部门的运行效率。这些措施的实施不仅可以提高高职院校部门的效率,更能推动学校整体的发展。简而言之,高职院校部门效率的提升与评估是一项长期而艰巨的任务。这需要我们以全面的视角、科学的方法和持续的努力来推动高职院校部门效率的提升,为培养更多优秀人才提供有力保障。

(3)效能指标

效率作为绩效考核的传统指标,通常用于量化评估那些可以明确计算和衡量的公共产品或服务。然而,在公共管理的广阔领域中,许多服务因其性质难以明确界定,更难以用单一的效率标准来全面评估。在这种情况下,我们需要转向另一个重要的评估工具——效能。效能评估主要关注的是公共管理活动如何影响目标群体的状态或行为,如福利状况的改善程度、公众对公共服务的满意度以及政策目标实现的效率等。

以高职院校机关部门为例,对于高职院校的机关部门来说,效能评估同样具有重要意义。在评估高职院校机关部门的效能时,可以从两个核心方面入手。

一是行为的合理化水平,包括决策的科学性、民主监督的有效性、行政的廉洁与高效、政策执行的能力,以及制度建设与学校发展需求的契合度。此外,行政体制是否能够根据实际情况及时变革,也是衡量行为合理化水平的重要指标。

二是高职院校机关的具体效能,包括是否建立了合理且完善的制度体系,如岗位责任制、首长责任制、服务承诺制等。这些制度不仅要求明确各自的职责和权限,还要确保工作的高效完成。同时,是否能够依法治校,如推行校务公开,公示各部门的职责、权限、审批程序等,也是评估机关效能的关键。

除了上述两方面,高职院校机关还需要关注办事效率和服务质量。是否能够快速响应师生的需求,提供满意的服务,是衡量机关效能不可忽视的一环。此外,管理效能指标也是评价高职院校机关工作的重要参考,包括组织结构、管理流程、内部沟通、员工满意度等方面。

高职院校作为培养高素质人才的重要基地,其在服务地方经济和社会发展方面的表现也应纳入效能评估的范畴。比如,与企业合作、社会培训、产学研结合等方面的表现,以及高职院校在社会上的影响力,都是衡量其机关效能不可忽视的因素。

在归纳高职院校部门绩效评价指标时,我们必须确保这些指标具有代表性、可衡量性、可比较性和敏感性。只有这样,我们才能确保评价结果的有效性和针对性,为高职院校机关部门的持续改进和可持续发展提供有力的支持。

效能评估作为衡量高职院校机关部门工作效果的重要工具,不仅关注其工作效率,更重视其对目标群体的实际影响。通过全面、系统地评估高职院校机关部门的效能,我们可以更好地了解其在各个方面的表现,为未来的改进和发展提供有力的指导。

(4)成本指标

高职院校办学成本指标的设置是一项至关重要的任务,它不仅关乎学校内部的财务管理和经济效益,更是评价高职院校办学水平和综合实力的重要依据。这一设置过程主要依据两个方面:一是为了维持机构运转所产生的费用,二是为了履行其职能所产生的投入。在这两个大框架下,我们能够具体地分析高职院校办学成本指标所包含的内容。

高职院校部门占用的人力、物力与财力是办学成本指标的重要组成部分。这些资源是学校正常运转和履行职能的基础。例如,高职院校部门的职工人数反映了学校的教学和管理团队规模,是评价学校师资力量和教学质量的重要指标。部门固定资产总额则体现了学校的硬件设施和物质基础,包括教学楼、实验室、图书馆等,这些都是保证教学质量和科研水平的关键因素。部门支配资源的程度及支出结构则显示了学校在资源配置和资金使用上的效率和效益,体现了学校的管理水平和治理能力。

高职院校部门的支出是办学成本指标中不可忽视的一部分。高职院校作为公益性单位,其收入来源包括财政生均拨款、财政专项拨款、教育事业收入、科研事业收入及其他收入等。这些资金的使用效益是高职院校绩效考核的重要方面。与企业不同,高职院校资金使用的社会效益远大于其经济效益。虽然经济效益最大化不是高职院校资金使用的最终目的,但高职院校资金的经济效益如何却是其发挥社会效益的重要前提和保障。因此,高职院校需要提高资金管理水平,编细、编实、编准资金支出预算,合理控制资金支出成本,提高资金使用效益。具体来说,财务层面的关键绩效指标可以设计为资金到账率、预算执行率等,这些指标能够直观地反映学校资金使用的效率和效果。

高职院校办学成本指标的设置是一项系统工程,需要综合考虑学校的人力、物力、财力以及支出等多个方面。通过科学合理地设置这些指标,我们可以更好地评价高职院校的办学水平和综合实力,为学校的发展提供有力的支持和保障。同时,高职院校也需要不断提高自身的资金管理水平,优化资源配置,提高资金使用效益,为培养更多优秀的人才和促进社会的发展作出更大的贡献。

在未来的发展中,高职院校办学成本指标的设置还需要不断地完善和优化。随着教育改革的不断深入和高职院校自身的发展壮大,办学成本指标也需要与时俱进,以适应新的形势和需求。例如,可以进一步加强对教学质量、科研水平、社会服务等方面的考核和评价,以更加全面地反映高职院校的办学水平和综合实力。同时,还需要加强对高职院校资金使用效益的监管和评估,确保资金使用的合规性和有效性。

2.绩效目标的设定原则

在设定绩效目标时,为了确保目标的明确性、可衡量性、可实现性、相关性和时限性,我们需要遵循 SMART 原则。这一原则被广泛地应用于企业管理中,为制定有效的绩效目标提供了指导。

第一,绩效目标应该是具体的(Specific)。这意味着目标应该是明确和具体的要求,避免模糊和笼统。

第二,绩效目标应该是可衡量的(Measurable)。这意味着目标应该具有可衡量的标准,能够量化评估工作成果。

第三,绩效目标应该是可达到的(Attainable)。这意味着目标应该具有可实现性,既不过高也不过低,符合高职院校部门发展的实际情况。目标设定得过高可能导致教职工感到沮丧和无助,而目标设定得过低则可能无法激发教职工的积极性和动力。因此,在制定绩效目标时,需要充分考虑高职院校部门的实际能力和资源情况,确保目标的可达性。

第四,绩效目标应该是相关的(Relevant)。这意味着目标应该与高职院校部门职责和整体目标紧密相关,体现部门的核心价值和贡献。

第五,绩效目标应该是有时限的(Time-bound)。这意味着目标应该具有时间限制,明确完成任务的时间节点。

遵循 SMART 原则设定绩效目标有助于确保目标的明确性、可衡量性、可实现性、相关性和时限性。这样的目标不仅能够为教职工提供明确的工作方向,还能够激发教职工的积极性和动力,推动高职院校的可持续发展。

3.绩效考核指标体系的构建方法

在构建高职院校部门绩效考核指标体系时,要深入了解各部门的职责和工作流程。通过细致入微的调查研究,可以明确每个部门在高职院校发展中的地位和作用,从而梳理出具有代表性、可衡量性和可操作性的关键绩效指标(Key Performance Indicator,KPI)和关键行为指标(Key Behavior Index,KBI)。这些指标应当全面反映部门的工作成果,包括教学质量、科研能力、社会服务、管理效率等方面。

在构建指标体系的过程中,需要运用科学的方法对指标进行量化和权重分配。量化是指将定性指标转化为可度量的数值,使绩效考核更具客观性和公正性。权重分配则是指根据各项指标的重要性和影响程度,为其分配相应的权重,确保指标体系的科学性和合理性。在这一阶段,可以借鉴国内外先进的绩效考核理念和方法,结合高职院校的实际情况,制定出一套既符合高职院校办学特点又具有普遍适用性的绩效考核指标体系。

高职院校部门绩效考核指标体系应当根据实际情况进行动态调整和优化。随着高职院校的不断发展和变化,其部门绩效考核指标体系也需要与时俱进。因此,要定期对指标体系进行评估和修订,及时调整指标内容和权重分配,确保指标体系的时效性和有效性。

构建科学、合理的高职院校部门绩效考核指标体系是一项系统工程,需要深入研究、精心设计和不断完善。只有建立符合高职院校特点和需求的绩效考核指标体系,才能全面反映各部门的工作成果,提高管理水平和教育质量,为高职院校的可持续发展提供有力保障。① 同时,这一过程中也需要高职院校各级领导和相关人员的积极参与和配合,形成共同推进高职院校绩效考核工作的良好氛围。

4. 绩效考核指标体系的应用

在当今竞争激烈的教育环境中,高职院校如何有效地评估和提升自身的工作成果成了一个至关重要的议题。绩效考核指标体系作为高职院校内部管理的重要工具,其建立与完善对于高职院校的发展具有深远的影响。一个有效的绩效考核指标体系不仅可以帮助高职院校全面评价各部门的工作成果,还能够为管理层提供决策支持和改进方向,推动整个学校的持续发展和进步。有效的绩效考核指标体系能够为高职院校提供一个全面、客观的部门工作评价平台。通过设定科学、合理的考核指标,可以全面反映各部门在教学、科研、管理等方面的工作绩效。同时,采用量化的方式对各部门的绩效数据进行对比分析,能够清晰地展现部门之间的优势和不足,帮助管理层更好地了解学校的整体运行状态,为资源分配和优化提供依据。

绩效考核指标体系的有效应用,不仅能够激励各部门积极履行职责,还能显著提高工作效率和质量。通过将绩效考核结果与部门利益挂钩,可以激发各部门的工作积极性和创造力,形成良性的竞争环境。同时,绩效考核还可以促使各部门对照指标进行自查自纠,发现工作中存在的问题和不足,进而制定改进措施,提高工作效率和质量。此外,绩效考核指标体系对于提升高职院校整体管理水平和教育质量具有积极的推动作用。通过对各部门绩效的考核和评价,可以发现学校管理层面存在的问题和短板,为管理层提供改进方向。同时,绩效考核还可以促进各部门之间的沟通与协作,形成合力,共同推动学校的整体发展。在教育质量方面,绩效考核指标体系可以引导教师关注教学质量、学生满意度等方面,促进教学方法的创新和教学水平的提高,进而提升学校的教育质量和声誉。

绩效考核指标体系的有效应用更能促进高职院校的发展。它不仅能够为高职院校提供一个全面、客观的工作评价平台,还能够激励各部门积极履行职责、提高工作效率和质量,促进高职院校整体管理水平和教育质

---

① 钱敏.评价指标体系构建及实施过程:基于高职院校部门绩效考核[J].质量与市场,2023(12):145-147.

量的提升。因此,高职院校应该充分重视绩效考核指标体系的建设与完善,确保其在推动学校发展中发挥最大的作用。同时,高职院校还需要不断优化绩效考核指标体系,以适应教育环境的变化和发展需求,确保学校的可持续发展和竞争优势。

三、绩效管理的内涵

绩效管理(Performance Management, PM)是对绩效实现过程各要素的综合管理,是建立在组织战略基础之上的重要管理活动。自20世纪20年代起,绩效管理逐渐在企业的人力资源管理中得到广泛应用,并在70年代后形成了完整的体系。随着时间的推移,绩效管理的对象也从单一的员工管理扩展到了组织、团队和员工三个层次。通过绩效管理的实践,众多私人部门已经证实,这是提高整体绩效的有效途径。随着时代的进步,绩效管理的重要性愈发凸显。特别是自20世纪70年代末以来,以英、美等发达国家为代表的"新公共管理"运动逐渐兴起。这一运动倡导将私人部门的管理思想和方法手段应用到公共和非营利部门中,以提高这些部门的效率和服务质量。这一趋势不仅成为"新公共管理"改革的突出特点,也为绩效管理的发展提供了新的契机。

绩效管理的核心在于通过设定明确的目标、制定科学的评估标准、实施有效的激励措施以及提供持续的培训和发展机会,来激发组织和个人的潜能,实现绩效的提升。在这一过程中,绩效目标的设定需要紧密结合组织的战略目标,确保各个层级的目标与整体目标相一致。评估标准的制定则需要考虑不同部门和岗位的特点,确保评估结果的公正性和客观性。

在实施绩效管理的过程中,激励措施和培训机会同样不可忽视。通过合理的薪酬、晋升、荣誉等激励手段,可以激发员工的积极性和创造力,推动他们为实现绩效目标付出更多的努力。同时,提供持续的培训和发展机会则有助于员工提升自身的能力和素质,更好地适应不断变化的工作环境。

因此,绩效管理并不仅是一种简单的评估工具,更是一种以提升员工素质和潜能为目的的战略手段。在这个过程中,持续开放的沟通扮演着至关重要的角色。它不仅是连接组织与员工、管理者与被管理者的桥梁,更是推动绩效提升的关键动力。通过及时、有效的沟通,管理者可以了解员工的需求、困惑和挑战,从而提供针对性的指导和支持;员工则可以明确自己的目标和责任,调整行为策略,以更好地服务于组织目标的实现。同时,绩效管理还强调对有利于组织目标达成的行为的强化。这意味着在绩效管理的实施过程中,我们需要关注并奖励那些与组织目标相一致的行为,以形成积极的激励机制。这种激励机制不仅有助于激发员工的积极性和创造力,更能促使整个组织形成一种积极向上的文化氛围,为实现组织的长期战略目标奠定坚实的基础。

第二节　高职院校教师绩效考核与管理的目的与作用

一、高职院校教师绩效考核与管理的目的

高职院校教师绩效考核与管理不仅关乎教师个体的成长,更是教学质量和学校整体运营效率的重要保障。其目的在于通过科学、公正的评价机制,激发教师的工作热情,提升教学质量,促进教师个人发展,以及优化学校整体运营效率。这一机制的建立对于提高高职院校的教育质量和社会声誉具有深远的意义。

(一)评价教师的工作表现

教师绩效考核这一看似简单的概念,实则蕴含着丰富的内涵和深远的意义。它不仅是对教师过去一段时间工作成果的量化评估,更是对教师未来发展的有力指导。通过这一评估体系,可以全面、客观地评价教师在教学、科研、社会服务等方面的表现,从而准确反映他们的工作成果和贡献。

在教学方面,教师绩效考核通过对学生成绩、学生满意度、教学方法创新等多方面的考量,来衡量教师的教学水平和教学效果。这样的评估不仅有助于激励教师不断改进教学方法,提高教学效果,也有助于学生获得更好的学习体验。在科研方面,教师绩效考核则关注教师的科研成果、科研能力、科研创新等方面。通过对教师在学术论文、科研项目、学术会议等方面的表现进行量化评估,我们可以准确地了解教师的科研实力和

贡献,从而为其科研事业的发展提供有力支持。此外,教师绩效考核还关注教师在社会服务方面的表现,包括教师参与社区服务、公益活动、社会咨询等方面的情况。通过对这些方面的评估,我们可以鼓励教师更多地参与社会活动,用自己的专业知识和技能为社会作出更多贡献。更重要的是,教师绩效考核结果不仅为教师的晋升、奖励、培训等方面提供了重要依据,也帮助教师本人更加清晰地认识自己的优点和不足。这样教师可以根据评估结果有针对性地制订个人发展计划,进一步提升自己的教学水平和科研能力。

(二)提升教师的教学质量

教学质量在高职院校中占据着举足轻重的地位,它是学校发展的生命线,关乎学生的学业成果与未来职业发展。而在众多影响教学质量的因素中,教师无疑是其中最为核心的一环。他们不仅是知识的传播者,更是学生心灵的引导者,其教学质量直接关系到学生的学习效果和个人成长。为了确保教学质量,高职院校必须加强对教师教学过程的监督和评价。这种监督与评价不仅是对教师工作的一种检验,更是对他们专业成长的一种促进。通过定期的教学观摩、学生反馈和同行评议等方式,学校可以全面了解教师的教学情况,发现其中存在的问题和不足。例如,有的教师可能过于注重理论知识的传授,而忽视了实践技能的培养;有的教师可能教学方法单一,缺乏创新性和趣味性,导致学生缺乏学习兴趣。这些问题的发现为学校和教师提供了改进的方向和目标。

在监督和评价的基础上,高职院校应当建立科学、公正的绩效考核机制。这种机制不仅要考核教师的教学效果,还要关注他们的教学态度、教学方法和教学创新等多个方面。通过这样的考核,能够激发教师的工作热情,促使他们不断更新教学理念,采用先进的教学手段和方法。例如,一些教师可能会引入项目式学习、翻转课堂等现代教学模式,让学生成为学习的主人,激发他们的主动性和创造性。同时,教师也会关注学生的学习需求,因材施教,为每一个学生提供个性化的学习方案。这种以评促教、以评促改的方式,不仅有助于提升教师的教学水平,还能够形成教师自我提升、自我完善的良性循环。在这个循环中,教师不断反思自己的教学行为,总结经验教训,不断完善自己的教学方法和策略。同时,他们也会积极寻求专业成长的机会,如参加各类培训、研讨会和学术交流活动,以拓宽视野、更新知识。此外,高职院校还应当建立健全激励机制,为教师的专业成长提供有力保障,包括提供丰富的教学资源、营造良好的教学氛围、搭建展示教学成果的平台等。通过这些措施,可以让教师感受到学校的关心和支持,激发他们的归属感和荣誉感,从而更积极投入到教学工作中。

教学质量是高职院校的生命线,而教师则是其中的关键因素。通过加强教学过程的监督和评价,建立科学公正的绩效考核机制,完善激励机制等措施,能不断提升教师的教学水平,促进学校的整体发展。同时,这也有助于培养更多优秀的人才,为社会进步和发展作出更大的贡献。

(三)优化学校整体运营效率

在当今快速发展的教育领域中,学校之间的竞争日趋激烈。为了在激烈的竞争中立于不败之地,学校必须采取有效措施优化教学资源配置,提高整体竞争力。而通过对教师绩效的考核,学校不仅能够更加合理地配置教学资源,优化师资队伍结构,还能够促进学校内部各部门之间的沟通与协作,形成良好的教育生态,为学生创造更好的学习环境。这种以评促管、以评促优的方式,能有效提升学校整体运营效率。

教师绩效考核的目的之一在于帮助学校更加合理地配置教学资源。在教育领域中,教师是教学资源的核心组成部分。通过对教师绩效的考核,学校能够充分了解每位教师的教学能力、教学方法、教学效果等方面的表现,从而根据每位教师的特点与优势,合理安排教学任务,充分发挥每位教师的潜力。这样不仅可以确保教学质量,还能避免资源的浪费。例如,一些在科研方面表现出色的教师可以更多地参与学校的科研项目,为学校的学术声誉和科研成果做出贡献;而一些在教学方面表现优秀的教师则可以承担更多的教学任务,为学生提供更优质的教学服务。

教师绩效考核的目的还在于优化师资队伍结构。通过考核,学校能够筛选出表现优秀的教师,给予他们更多的激励与支持,同时淘汰表现不佳的教师,确保师资队伍的整体素质。这样的师资队伍结构不仅能够提高学校的教学质量,还能够为学校的长期发展奠定基础。例如,学校可以根据考核结果对教师进行职称评定、薪酬调整等激励措施,激发教师的工作积极性与创造力,从而吸引更多的优秀教师加入学校,提高师资队伍的整体水平。

另外，教师绩效考核旨在加强学校内部各部门之间的沟通与协作。在教育领域中，教学、科研、管理等多个部门共同构成了学校的整体运营体系。通过对教师绩效的考核，各部门可以更加清晰地了解彼此的工作重点与难点，从而加强沟通与协作，形成合力，共同推动学校的发展。例如，教学部门可以与科研部门合作，共同开展教学研究与课程改革，提高教学效果；管理部门则可以根据考核结果调整教师的工作安排与激励机制，提高教师的工作满意度与归属感。

最后，教师绩效考核旨在通过以评促管、以评促优的方式推动学校整体运营效率的提升。通过对教师绩效的考核与评价，学校能够及时发现存在的问题与不足，从而采取相应的改进措施，提高整体运营效率。同时，这种评价方式还能激发教师的自我提升意识与竞争意识，促进教师队伍的良性发展。例如，学校可以根据考核结果制订针对性的培训计划与发展规划，帮助教师提升专业素养与教学能力；同时，还可以通过评选优秀教师、教学成果奖等方式，激励教师不断追求卓越，为学校的发展贡献更多的力量。

综上所述，高职院校教师绩效考核与管理的目的的实现需要学校管理层、教师以及社会各界的共同努力和支持。只有建立起科学、公正、有效的绩效考核与管理体系，才能推动高职院校的可持续发展，为社会培养更多优秀的人才。

二、高职院校教师绩效考核与管理的作用

随着社会的快速发展和教育改革的深入推进，高职院校教师绩效考核与管理的重要性日益凸显。这不仅关系到教育质量的提升，更是教师个人发展的重要保障。通过科学、公正的绩效考核，可以激发教师的工作热情，提高教学水平和效果，进而推动整个学校的发展。

绩效考核在激励教师提升教学水平和科研能力方面发挥着重要作用。通过设定明确的考核标准和奖励机制，可以激发教师的竞争意识和创新精神，促使他们不断提高自己的教学水平和科研能力。这种竞争和激励机制的形成不仅有助于提升教师的专业素养，也为学校的教学质量和科研水平提供了有力保障。此外，绩效考核结果还可以作为教师晋升、评聘、奖励等的重要依据，进一步增强了教师的职业荣誉感和归属感，激发他们为教育事业奉献的热情。

在绩效考核过程中,学校与教师之间的沟通和交流也至关重要。通过充分的沟通和交流,学校可以了解教师的需求和困惑,为他们提供有针对性的支持和帮助;教师也可以更好地理解学校的期望和要求,明确自己的努力方向。这种互动式的考核方式不仅有助于增进学校与教师之间的了解和信任,还能促进双方在教学、科研等方面的合作与交流,形成良好的教育生态。

此外,绩效考核与管理还是高职院校实现现代化、科学化管理的重要组成部分。通过对教师的绩效考核结果进行数据分析和管理,学校可以及时发现和解决教育教学中存在的问题和不足,优化教育资源配置,提高教育教学的整体质量和效益。同时,绩效考核与管理还有助于推动学校内部的各项制度改革和创新,提升学校的整体竞争力和社会影响力。这种以数据为依据的管理方式使学校的决策更加科学、合理,为学校的长远发展奠定了坚实基础。

综上所述,高职院校教师绩效考核与管理在提高教育质量、促进教师个人发展、增强学校竞争力等方面发挥着重要作用。因此,高职院校应高度重视绩效考核与管理工作,不断完善考核体系和管理机制,为教师的成长和学校的发展创造更加良好的条件。同时,我们也要认识到绩效考核与管理是一项长期而复杂的系统工程,需要学校、教师和社会共同努力,形成合力,共同推动高职院校教育事业的发展。

第三章

高职院校教师绩效考核与管理的基本理论

高职院校教师绩效考核与管理是高职院校管理工作中的重要组成部分,它涉及教师的工作评价、激励和发展等方面。通过对教师进行绩效考核,可以客观评估教师的工作表现,为教师的晋升、奖励和职业发展提供依据。同时,绩效考核也是高职院校改进教学质量、提高教育水平的重要手段。本章主要分析高职院校教师绩效考核与管理的基本理论,包括关系绩效理论、利益相关者理论、双因素理论、平衡计分卡理论。

第一节 关系绩效理论

关系绩效理论是一个重要的管理理论,它强调了员工在工作中建立和维护良好关系的重要性。这一理论的核心观点是员工之间的关系不仅影响他们个人的工作表现,还对整个组织的绩效产生深远影响。

一、关系绩效理论概述

关系绩效,也被称作"周边绩效",这一术语源于英文 contextual performance 的翻译。作为人力资源管理领域中的核心概念,其最早由 Borman 和 Motowidlo 在 1993 年提出。在雇员选拔的研究与实践中,这两位学者发现了一个引人注目的现象：人们往往过度关注雇员的工作绩效或任务绩效（Task Performance）部分，却忽视甚至排除了对组织效能同样至关重要的另一类绩效——关系绩效。

任务绩效主要关注的是与组织技术核心直接相关的行为。这通常涉及执行技术过程，或者通过对技术需求的维护和服务来实现。而关系绩效虽然不直接参与核心技术活动，却为这些活动提供了广泛的组织、社会和心理环境的支持。这种绩效包括自发的行为、组织公民行为、亲社会组织行为、献身组织精神以及对工作的非正式任务活动的自愿行为。

关系绩效的重要性在于它涉及员工如何与同事、上级和下级进行互动，如何为组织创造和维持积极的工作氛围，以及如何提升整个团队的效能。一个高效的团队不仅需要有技术娴熟的成员，更需要这些成员能够和谐共处，相互支持，共同为组织的目标努力。关系绩效的提出是建立在组织公民行为（Organizational Citizenship Behavior，OCB）、亲社会组织行为（Prosocial Organizational Behavior，POB）等相关概念的基础之上的。这些概念都强调了员工在组织中的自发性、自愿性和亲社会行为的重要性。

与任务绩效相比，关系绩效更加关注员工在组织中的社会和心理层面，是组织效能不可或缺的一部分。为了更好地理解关系绩效，我们可以考虑一些具体的例子。比如，一名员工在完成自己的工作任务之余，还主动帮助同事解决困难，或者提出改进工作流程的建议。这些行为虽然不直接增加个人的工作绩效，却对整个团队和组织产生了积极的影响。此外，实证研究也支持了关系绩效的重要性。一些研究发现，关系绩效与员工的工作满意度、组织承诺和离职率等关键指标都有显著的关联。当员工在关系绩效方面表现出色时，他们往往更加满意自己的工作，更加忠诚于组织，也更有可能长期留在组织中。

关系绩效作为人力资源管理领域中的一个重要概念，为我们提供了一个全新的视角来审视员工的绩效和组织效能。在未来的研究和实践中，我们应该更加关注关系绩效的培养和提升，以推动组织的持续发展和成功。

二、关系绩效理论对高职院校教学管理的启示

随着关系绩效理论的提出，组织行为和绩效的复杂性得到了更为细

致的理解。这一理论不仅揭示了工作环境中个体和团队之间的互动关系对绩效产生的深远影响,还为组织行为管理工作提供了诸多新的启示。特别是在高职院校的教学管理中,运用关系绩效理论可以极大地提升教学管理的效果和质量。运用关系绩效理论进行教学管理,需要注重以下几点。

(一)树立尊重理念,培养教师的组织认同感和归属感

在中国社会中,人们往往习惯于把自己的工作组织称之为"单位",这背后所体现的是中国社会结构的特殊性。社会学理论告诉我们,人总是存在或属于某一群体或组织,而人的社会化过程就是不断地学习、接受并改造社会规范,最终成为社会人的过程。在这个过程中,单位作为社会组织的重要形式,承担了满足个体需求、赋予个体权利和地位等多重功能。

在中国的社会背景下,单位不仅是工作的地方,更是人们社交、生活、娱乐等多方面的集合体。单位通过提供各种社会服务,如医疗、教育、住房等,满足单位成员的基本物质、精神、政治和文化需求,从而形成了单位成员对单位组织的高度依赖。这种依赖性在一定程度上强化了单位成员对单位的认同感和归属感,但也并不意味着所有成员都会对其所在单位产生强烈的情感联系。在日常生活中,我们会发现并非所有人都会对自己的工作单位产生强烈的认同感和归属感。这种情感上的疏离感可能有多种原因,如工作压力、人际关系、职业前景等。其中,缺乏组织成员应有的尊重是一个不可忽视的重要因素。

尊重是人类的基本需求之一,它具有心理和社会双重含义。马斯洛的需要层次理论指出,尊重需求是在生理需求、安全需求、归属需求和爱的需求得到满足之后的一种需求。对于高职院校教师而言,他们不仅需要满足基本的生活需求,更需要得到尊重和认可。研究表明,高职院校教师的需求排序中,自尊和荣誉的需求位列第二,仅次于创造和成就的需求。这表明,高职院校教师在追求职业发展的同时,也非常看重自己在单位中的地位和声誉。

在当前高职院校大扩招、各种评估考核频繁的背景下,教师的工作压力越来越大,身心疲惫、充满急躁和厌倦情绪的现象屡见不鲜。在这种情况下,尊重的需求显得尤为突出。因此,在日常的教学管理工作中,我们

应该树立尊重理念,尊重广大教师的人格和首创精神,为其自我实现提供广阔舞台。这样做不仅有利于培养教师形成对组织的积极情感,增强教师的主人翁精神,还能够激发教师的工作热情和创新精神,为组织的发展作出更大的贡献。

尊重在组织管理中具有重要作用。通过树立尊重理念、营造尊重氛围、建立尊重机制等措施,可以有效提升教师的归属感和工作积极性,推动高职院校的可持续发展。同时,这也符合社会学理论中关于人与社会组织关系的论述,即人在社会组织中实现自我价值和需求满足的过程中,尊重是一个不可或缺的因素。

(二)和谐人际关系,增强服务意识和能力

人是社会的人,良好人际关系的重要性在我国这样一个特别重视关系和谐性的文化中显得尤为突出。这源于"中国人的自我"概念,它并非孤立存在,而是一种深受他人影响、情境化的自我。这种自我观念在组织环境中表现为成员间的深厚情感支持、相互关怀、情绪感染以及相互启发。尽管西方组织中的成员也存在相互依赖,但他们更加强调个体的特殊性和完整性,而在中国文化下,组织成员更倾向于寻求一种"你中有我、我中有你"的紧密联系和融合感。因此,中国人在组织中更倾向于追求一种和谐融洽的氛围和团结的凝聚力。实践已经证明,在组织中营造良好和谐的人际关系氛围,不仅有利于个体潜能的充分发挥,还能显著增强组织认同感和实现组织目标。在高职院校教学管理领域,这一点尤为重要。然而,长期以来,受传统观念影响,教学管理人员往往被视为纯粹的管理对象,而非服务者。这种观念导致教学管理人员的服务意识不强,服务能力也有待提高。

为了改善这一状况,从学校层面来说,应当有意识地通过多种方式、途径来打造一支高素质的教学管理队伍。这支队伍不应仅关注自身工作的便利,而应以师生为本,具备法治观念,勤于思考,关注改革并能结合现状推进改革。他们应熟悉规章制度,能使管理制度制定得合理或得到有效执行,能使管理手段或办法得到应有的更新。同时,他们还应树立以师生为本的价值观、管理观和业绩观,自觉在管理中行使服务和指导的职责。对于教学管理人员自身而言,更需要具备"争创一流"的服务意识和永不满足的进取精神。他们应脚踏实地,苦练"内功",以周到的服务全心

全意做好教学管理工作。这不仅是对个人能力的挑战,更是服务精神的体现。通过不断提升自身能力和服务水平,教学管理人员可以更好地服务于师生,推动教学管理的改革和创新,为高职院校的和谐发展和教学质量的提升贡献自己的力量。

良好人际关系和组织氛围在高职院校教学管理中具有不可忽视的作用。通过加强教学管理队伍建设,提升教学管理人员的服务意识和能力,可以有效促进高职院校的和谐与发展,实现教学质量和师生满意度的提升。这是一个需要长期努力的过程,需要学校、教学管理人员以及全体师生的共同参与和努力。

此外,为了更好地运用关系绩效理论,高职院校教学管理还需要结合具体实践,不断探索和创新。例如,可以通过引入绩效评价机制,对教师的教学质量进行客观评价,同时鼓励教师之间进行互评,以促进他们之间的相互学习和提高。总之,关系绩效理论为高职院校教学管理提供了新的视角和方法。通过深入理解并有效运用这一理论,高职院校可以进一步提升教学管理的效果和质量,培养出更多优秀的人才。

第二节 利益相关者理论

利益相关者理论是现代企业管理理论中的一个重要分支,它强调企业不仅是为股东谋取利益,而是要综合考虑所有利益相关者的利益。这些利益相关者包括但不限于员工、消费者、供应商、政府部门、社会大众等。利益相关者理论的核心理念在于,企业的发展离不开社会各界的支持和合作,因此,企业应该积极履行社会责任,关注利益相关者的需求和期望,以实现可持续发展。在利益相关者理论的指导下,企业需要采取一系列措施来平衡不同利益相关者的利益。企业应该注重员工的权益保护,提供良好的工作环境和福利待遇,激发员工的创造力和工作热情。企业应该关注消费者的需求和反馈,提供高质量的产品和服务,赢得消费者的信任和支持。同时,企业还应该与供应商、政府部门等利益相关者建立良好的合作关系,实现共赢发展。利益相关者理论还强调了企业的社会责任。企业应该积极参与社会公益事业,关注环境保护、社会救助等方面的问题,为社会作出贡献。这样的企业不仅能够获得社会的认可和尊重,还能够树立良好的企业形象,增强企业的竞争力和影响力。利益相关者理论为企业提供了一个全新的视角和思考方式,强调了企业与社会各界的互动和合作。只有注重利益相关者的需求和期望,积极履行社会责任,企业才能够实现可持续发展,赢得社会的信任和尊重。

一、利益相关者理论的产生

"利益相关者"这一概念的起源可以追溯到20世纪60年代,当时美国斯坦福研究中心的研究人员首次对其进行了阐述。他们认为,没有利益相关者的支持,组织将无法生存。这一观点为后来的利益相关者理论奠定了基础。

随着时间的推移,越来越多的学者开始关注并研究利益相关者理论。其中,最具代表性的是美国学者弗里曼。1984年,弗里曼在其著作《战略管理:利益相关者方法》中明确提出了利益相关者的管理理论。他认为,利益相关者是指任何能够影响一个组织目标实现,或者受一个组织目标实现过程影响的个人或团体。这些利益相关者包括但不限于股东、员工、供应商、客户、社区等。弗里曼进一步指出,利益相关者的管理理论是指企业管理者为兼顾各利益相关者的利益诉求而进行的一系列管理活动。与传统的股东至上的思想相比,利益相关者理论强调了企业发展中各方利益相关者的参与和重要性。企业不再仅追求自身的利益,而是更加关注与利益相关者的和谐共存问题,以实现各利益相关者的整体利益,达到共赢的目的。

随着对利益相关者研究的日益重视,该理论逐渐发展成为一种较为完善的理论体系。它不仅影响了美英等国的公司治理模式的选择,还逐步渗透到经济学、管理学的研究领域。此外,随着不断地应用与实践,利益相关者的理论还扩展到了政治学、社会学及教育领域,其社会影响力不断扩大。在实际应用中,利益相关者理论为企业提供了一种全新的管理视角。企业开始关注并平衡各方利益相关者的利益诉求,以实现可持续发展。例如,在制定企业战略时,企业会考虑到员工、客户、供应商等利益相关者的需求和期望,以确保企业的决策能够符合各方的利益。此外,企业还会积极参与社会公益事业,以回馈社会、造福社区,进一步提升自身的社会责任感和形象。

第三章
高职院校教师绩效考核与管理的基本理论

总之,利益相关者理论为企业提供了一种全新的管理视角和思维方式。它强调了企业在追求自身发展的同时,必须关注并平衡各方利益相关者的利益诉求,以实现企业的可持续发展和社会的和谐共生。随着社会的不断发展和进步,利益相关者理论将在未来的企业管理中发挥着越来越重要的作用。

二、利益相关者理论在教师资格考试制度改革中的应用

政策通常被视为政治系统权威性决定的输出,其实质是为整个社会进行的权威性价值分配。这种分配不仅是简单的资源或物质的再分配,更是涉及价值、机会和权利的分配。因此,政策的制定和实施过程充满了复杂的政治互动和利益博弈。而当我们深入思考这一过程时,利益这一概念就显得尤为重要。利益不仅是人们结成政治关系的出发点,也是社会成员行动的动力。人们因为共同的利益诉求而团结起来,形成各种社会组织和制度。可以说,利益是一切社会组织及其制度的基础。

在教育领域,教育政策同样体现了这种利益分配的本质。教育政策不仅关乎教育资源的分配,更关乎教育机会的分配、教育权利的分配以及教育价值的分配。这些分配过程会涉及不同利益群体的诉求和博弈。例如,在教育资源分配方面,政府需要平衡不同地区、不同学校之间的资源差异,确保教育资源能够公平、均衡地分配到各个地方和学校。这就需要政府在教育政策制定中应充分考虑各地区的实际情况和需求,确保政策的公平性和有效性。

在教育机会分配方面,教育政策需要确保每个人都有接受良好教育的机会。这就需要政府在教育政策制定中应充分考虑弱势群体的利益诉求,采取措施保障他们的教育权利。在教育权利分配方面,教育政策需要明确各方在教育领域中的权利和义务,包括学生的受教育权、教师的教育权以及家长的教育参与权等。这些权利的分配需要平衡各方利益,确保教育的公正和有效。教育政策在本质上同样是一种利益的分配。在制定和实施教育政策时,我们需要充分考虑不同利益群体的诉求和博弈,确保政策的公平性和有效性。只有这样,我们才能真正实现教育的公平、公正和高质量发展。

在当今社会,教育作为国家的根本大计,其发展不仅关乎国家的未来,更与每一个家庭、每一个孩子的未来息息相关。而在其中,教师资格

考试制度则扮演着至关重要的角色。它不仅是选拔合格教师的基本门槛,更是确保教育品质、推动教育事业发展的有力保障。然而,随着社会的不断发展,教师资格考试制度也面临着诸多挑战和变革,其中最为突出的便是其公共性与利益博弈之间的交织。

作为一项重要的教育政策,它承担着选拔合格师资后备军的重要职责,关乎着国家教育事业的发展。教育具有公共属性,因此教师资格考试制度也由此显现出一定的公共性表征。这意味着这一制度并不是为某一个具体的人或者某一个特定的群体的权益服务的,而是面向社会上众多的不同群体及教育利益诉求。这也使教师资格考试制度在实施过程中,不可避免地会涉及不同群体的利益分配。然而,这种利益分配并不是简单的"一刀切"。随着教师资格考试制度的改革发展,各利益相关者之间的互动影响日益显著。考试对象、考试内容等诸方面都发生了变化,各利益相关者在改革推进的过程中受到了不同程度的影响。这种影响并不是一成不变的,而是随着改革的深入而不断变化。

在这个过程中,各利益相关者对教师资格考试制度改革的认知、态度及应对,直接影响到各方对教师资格考试制度的执行与调整。这些利益相关者包括教师、学生、家长、教育机构等多个方面,他们各自有着不同的利益诉求和期望。这些利益诉求和期望在改革进程中相互交织、碰撞,形成了多方利益博弈的格局。这种利益博弈不仅存在于改革的过程中,更影响着改革未来发展的方向。在各方利益诉求的博弈中,谁能够占据有利地位,谁就能够更好地影响改革的走向。而这种博弈的结果,往往取决于各方的实力对比、政策环境以及社会舆论等多个因素。因此,我们可以看到,教师资格考试制度的改革发展历程将充满挑战和变革。它既需要保障其公共性,满足广大人民群众对教育公平和质量的需求,又需要平衡各方利益诉求,确保改革的顺利进行。在这个过程中,如何处理好公共性与利益博弈之间的关系,将是我们面临的重要课题。

总之,教师资格考试制度作为一项重要的教育政策,其公共性与利益博弈之间的交织是不可避免的。我们需要充分认识到这种交织的存在和影响,积极寻求平衡各方利益诉求的途径和方法,以确保教师资格考试制度的健康发展和教育事业的繁荣进步。

第三节 双因素理论

双因素理论,又称为"赫茨伯格的双因素模型",是心理学领域中的一个重要理论,主要用于解释工作满意度和工作不满的原因。双因素理论提醒管理者要关注员工的个人成长和发展。员工不仅需要获得物质上的满足,还需要在职业生涯中不断成长和进步。因此,管理者应该为员工提供培训和发展机会,帮助他们提升技能和能力,实现个人和组织的共同发展。

双因素理论为组织提供了关于员工满意度和工作动力的深入见解。通过有效管理和应用这一理论,组织可以创造一个更加积极的工作环境,激发员工的潜能,实现更高的绩效和更丰硕的成果。

一、双因素理论的主要内容

美国心理学家和管理理论家弗雷德里克·赫兹伯格(F. Herzberg)在20世纪50年代后期至60年代初期,通过一系列深入的研究,提出了著名的双因素理论,这一理论至今仍在管理学和心理学领域引发广泛的讨论和应用。

在1959年与他人合著的《工作中的激励因素》以及1966年的《工作与人性》等著作中,赫兹伯格详细阐述了他的双因素理论。这一理论主要基于他在匹茨堡地区对9个企业中的203名会计师和工程师进行的调查。赫兹伯格和他的同事采用了"关键事件法"对这些专业人士进行了深入的访谈,要求他们回答两个问题:第一,什么原因使你愿意做你的工作?第二,什么原因使你不愿意做你的工作?通过仔细分析这些调查结果,赫兹伯格发现人们对于这两个问题的反应有着显著的不同。这种不同主要体现在两个方面:一是与工作环境的物理条件和人际关系相关的因素,二是与工作内容本身和个人成就相关的因素。基于这些发现,赫兹伯格提出了双因素理论,将影响员工工作积极性的因素分为两大类:保健因素和激励因素。

(一) 保健因素

保健因素主要指与工作环境或条件紧密相关的各种因素。赫兹伯格通过大量的实证研究,深入剖析了这些因素如何影响员工的工作积极性和满意度。赫兹伯格的研究发现,保健因素主要包括以下十个方面:公司的政策和行政管理、技术监督系统、与监督者个人之间的关系、与上级的关系、与下级的关系、工资、工作安全性、个人的生活、工作环境以及地位。这些因素与员工的日常工作和生活紧密相连,是否处理得当直接关系到员工的心理状态和工作表现。

保健因素的处理不当会导致员工产生不满情绪,甚至可能严重挫伤员工的积极性。例如,如果公司的政策和行政管理不合理,员工可能会感到被忽视或不被尊重;如果工资水平过低或工作环境恶劣,员工可能会对工作产生抵触情绪。这些不满情绪会直接影响到员工的工作效率和质量,甚至可能导致人才流失。即使保健因素处理得当,也并不能使员工产生更高的积极性。这是因为保健因素主要起到的是预防性作用,即防止员工产生不满情绪,维持现有的工作积极性和效率。因此,我们不能仅仅依赖保健因素来激发员工的潜力,还需要关注其他因素,如激励因素等。

在实际工作中,我们应该如何利用保健因素呢?首先,我们应该深入了解员工的需求和期望,制定符合员工利益的政策和制度。例如,通过合理的薪酬体系、完善的福利制度以及公正透明的晋升机制,提高员工的工作满意度和归属感。其次,我们应该关注员工的心理健康,并为员工提供安全、舒适的工作环境。例如,加强劳动保障措施,提供必要的职业培训和心理健康支持等。此外,我们还应重视与员工的沟通和互动,建立良好的人际关系。通过定期的员工座谈会、团队建设活动等,增强员工的团队意识和协作精神。这样不仅能提高员工的工作效率,还能增强员工对公司的认同感和忠诚度。

保健因素在工作环境中发挥着举足轻重的作用。正确处理保健因素,不仅能防止员工产生不满情绪,还能为激发员工的积极性和创造力创造有利条件。因此,我们应该从多个方面入手,全面提升保健因素的处理水平,为员工的成长和发展创造更加良好的环境。

（二）激励因素

激励因素，通常与工作内容紧密相连，是激发员工工作动力、提升工作满意度和积极性的关键因素。这些因素的改善或满足可以在很大程度上调动员工的潜能，推动他们全力以赴，从而实现组织的长远目标。即使在某些情况下这些因素未能完全实现，也不会导致员工产生严重的不满情绪。因此，理解和利用这些激励因素，对于管理者来说具有极其重要的意义。

根据赫兹伯格的理论，激励因素主要包括以下六个方面。

工作本身具有挑战性：员工对于具有挑战性的工作往往充满热情。这种挑战性不仅来源于工作内容的复杂性和多样性，也来源于工作目标的设定。一个具有挑战性的工作目标可以激发员工的斗志，促使他们不断超越自我，实现自我价值。

奖励机制：适当的奖励是对员工工作的肯定和鼓励。奖励不仅包括物质奖励，如奖金、提成等，还包括精神奖励，如表扬、晋升等。一个公平、透明的奖励机制可以激发员工的竞争意识，促使他们积极投入工作，争取更好的成绩。

晋升机会：员工对于自己的职业发展有着明确的期望。提供晋升机会可以满足员工的职业发展需求，并激发他们的工作动力。一个完善的晋升机制应考虑员工的工作表现、能力和潜力，确保员工有机会在组织中实现自己的职业目标。

成长机会：员工渴望在工作中不断学习和成长。提供培训、学习和发展机会，可以帮助员工提升自己的技能和知识，增强他们的自信心和竞争力。同时，这也是组织持续发展的重要保障。

负有较大责任：赋予员工一定的责任可以让他们感受到自己的重要性和价值。在工作中，让员工承担更多的责任和任务，可以激发他们的责任感和使命感，促使他们更积极地投入工作。

成就感：完成一项具有挑战性的工作后，员工往往会产生强烈的成就感。这种成就感来源于对自己工作的认可和肯定，也是激励员工继续努力的重要动力。组织应该通过设定明确的工作目标和期望，以及提供及时的反馈和评价，帮助员工获得成就感。

激励因素是激发员工潜能、提升工作满意度和积极性的关键。管者应该深入了解这些因素,并在实际工作中加以应用,从而构建一个充满活力、高效运转的团队。同时,也需要根据组织的实际情况和员工的个性化需求,灵活调整激励策略,确保激励效果的最大化。

二、高职院校教师激励管理的保健因素和激励因素

(一)高职院校教师激励管理的保健因素分析

保健因素主要与工作环境或条件相关,当其得到满足时可能不会引发高满意度或动机,但如果缺失则一定会导致员工不满。高职院校管理部门在维护教师工作积极性方面,应充分重视保健因素的作用。基于高职院校教师的职业特点,其保健因素主要包括工资津贴、管理政策和工作环境等方面。

1. 工资津贴

工资津贴是高职院校教师的基本生活保障和工作动力来源。它不仅代表了教师的收入水平,更是教师衡量自我价值的重要尺度。在现代社会,经济压力无处不在,合理的工资津贴不仅能够保障教师的基本生活,还能在一定程度上体现教师的社会地位和价值。因此,高职院校在制定薪酬政策时,应充分考虑教师的实际需求和期望,确保工资津贴既能满足其基本生活需要,又能体现教师的劳动成果和贡献。工资津贴的设定也需要与教师的绩效挂钩,以激励教师更好地履行职责。通过设定与教学质量、科研成果等相关的津贴标准,可以激发教师的积极性和创造力,推动他们在教学和科研方面取得更好的成绩。这种绩效与津贴相结合的模式不仅有助于提升教师的整体素质,还能为学校培养更多优秀人才,推动教育事业的可持续发展。

然而,仅仅依靠工资津贴并不能完全解决高职院校教师的工作动力问题。教师作为教育工作者,他们的职业追求和使命感同样重要。因此,高职院校还需要通过提供良好的工作环境、职业发展机会和精神激励等措施,激发教师的内在动力。只有当教师在物质和精神层面都得到满足时,他们才能全身心地投入工作中,为学校和学生作出更大的贡献。

2. 管理政策

在高职院校的教育工作中，教师管理政策无疑是指导其各项工作的关键。这一政策不仅为教师的聘用、考核、培养、晋升、奖励和辞退等各个环节提供了明确的依据和标准，还在稳定教师队伍、提高教师工作满意度等方面发挥着举足轻重的作用。

完善的教师管理政策确保了高职院校在人事管理上的规范性和公正性。在聘用环节，明确的政策标准使招聘过程更加透明，有助于吸引更多优秀人才加入；在考核环节，公正的政策保证了评价体系的客观性和公平性，使每位教师的付出都能得到应有的认可；在晋升和奖励环节，合理的政策为教师提供了明确的晋升通道和激励机制，进一步激发了他们的工作热情和创造力。高职院校在制定管理政策时，应充分听取教师的意见和建议。这不仅体现了对教师群体的尊重和认可，还能够使政策更加贴近教师的实际需求，增强其可操作性和有效性。此外，教师的参与也有助于提高政策的接受度和执行力度，确保各项规定能够得到顺利实施。同时，高职院校的教师管理政策还应关注教师的职业发展和个人成长。一方面，为教师提供充分的培训和发展机会，帮助他们不断提升教育教学水平和职业素养，有助于推动整个教师队伍的素质提升；另一方面，关注教师的个人成长，为他们创造更多的发展空间和机会，有助于增强教师的归属感和忠诚度，从而稳定教师队伍。

高职院校的教师管理政策在稳定教师队伍、提高教师工作满意度以及促进教师职业发展等方面具有重要的作用。因此，高职院校应不断完善和优化这一政策，确保其与时俱进、符合实际，为教师的成长和发展提供有力的支持和保障。

3. 工作环境

工作环境对于教师的工作积极性和身心健康具有至关重要的影响。在高职院校中，工作环境不仅涵盖了物理环境，如校园的规划布局、教学设施的完善程度以及办公环境的舒适度，还涉及人文环境，如学校的校风、学风、校纪校规等非物质因素。这些环境因素共同构成了教师工作的整体背景，对其工作积极性和身心健康产生深远影响。

首先,一个优美、舒适的校园环境能够极大地激发教师的工作热情,帮助其提高工作效率。良好的校园环境不仅为教师提供了一个宜人的工作场所,还能够激发他们对工作的热爱和投入。例如,一个绿树成荫、鸟语花香的校园,能够让教师在紧张的工作之余感受到自然的宁静和美丽,从而减轻工作压力,提高工作效率。同时,先进的教学设施和良好的办公环境也能为教师提供更好的教学条件,使他们能够更加顺利地完成教学任务,提高教学效果。

其次,良好的人文环境对于增强教师的归属感和责任感,促进他们更好地投入教学和科研工作中具有不可忽视的作用。一个积极向上的校风、严谨务实的学风以及科学合理的校纪校规,能够形成良好的校园文化氛围,使教师在这种环境中感受到自己的价值和意义。在这样的氛围中,教师会更加自觉地遵守学校的规章制度,更加积极地参与到学校的各项活动中去,为学校的发展贡献自己的力量。同时,良好的人文环境还能够激发教师的创新精神,促进他们在教学和科研方面取得更多的成果。

因此,高职院校在改善工作环境方面应该持续投入,为教师创造一个既有利于工作又有利于生活的环境,包括加强校园环境的规划和建设,提高教学设施和办公环境的品质,以及营造良好的校园文化氛围等。只有这样,才能够真正激发教师的工作热情,提高他们的工作效率和生活质量,为学校的可持续发展奠定坚实的基础。同时,高职院校还需要关注教师的身心健康状况,通过提供必要的支持和帮助,让他们在工作和生活中保持平衡和和谐,从而更好地履行自己的职责和使命。

综上所述,高职院校在维护教师工作积极性方面,应全面考虑保健因素的作用。通过合理的薪酬政策、完善的管理政策和优良的工作环境,激发教师的工作热情和创造力,为培养更多优秀人才作出更大的贡献。

(二)高职院校教师激励管理的激励因素分析

高职院校作为培养高素质技术技能人才的重要基地,其教师队伍的建设与管理至关重要。基于高职院校教师的职业特点,如何有效激励教师,发挥他们的潜能,提高教学和科研水平,是当前高职院校面临的重要课题。高职院校教师激励管理的激励因素应包括职务晋升、考核评价、教师培养等内容。

1. 职务晋升

职务晋升作为一种激励机制,在高职院校中发挥着至关重要的作用。它不仅是对教师个人能力的认可,更是对他们为学校发展所作出的贡献的肯定。这种机制不仅激发了教师们的工作热情,也促使他们在教学和科研上不断追求卓越,为学校的整体发展贡献自己的力量。

从高职院校教师的需求来看,他们渴望的不仅是工资福利,更希望能够发挥自己的专业特长,取得事业上的成就。他们渴望有一个能够展示自己才华的舞台,一个能够让他们不断挑战自我、实现自我价值的平台。因此,高职院校在设计职务晋升路径时,需要充分考虑教师的这些需求,为他们提供多样化的晋升渠道。

一方面,对于教学水平高、科研能力强的教师,专业技术职务晋升路径是他们的首选。这种路径允许他们在专业领域内不断深入,不断提升自己的专业素养和研究能力。他们可以从助教逐渐晋升为讲师、副教授、教授,甚至成为硕士生导师或博士生导师,最终跻身两院院士的行列。这样的晋升路径不仅为他们提供了职业发展的空间,也为他们在专业领域内树立了权威地位。另一方面,对于那些科研创新能力强、教学水平一般的教师,他们也可以通过专业技术管理职务晋升路径实现自己的职业目标。这种路径更加注重他们的管理能力和综合素质,允许他们在教学科研的同时,逐渐承担起更多的管理职责。他们可以从教师逐渐晋升为系主任、院长等。这样的晋升路径不仅为他们提供了更多的发展机会,也让他们有机会为学校的发展贡献自己的力量。

总之,高职院校的职务晋升机制为教师们提供了多样化的发展路径,满足了他们不同的职业需求。这种机制不仅激发了他们的工作热情,也促使他们在教学和科研上不断追求卓越。同时,这种机制也为学校的发展注入了强大的动力,推动了高职教育的不断发展和进步。

2. 考核评价

教师的考核评价是教育管理体系中不可或缺的一环,它承载着多重意义和价值。

首先,考核评价是学校准确掌握和评价教师工作业绩的有效途径。

通过科学、公正的考核评价体系,学校能够全面了解教师在教学、科研、管理等方面的表现,为制定个性化、精准化的发展规划提供依据。

其次,教师的考核评价为岗位等级聘任、奖惩以及工资晋级等提供了重要依据。这不仅体现了学校对教师工作价值的认可,也激发了教师的工作热情和创造力,进一步促进了教师队伍的优化和整体素质的提升。

最后,教师的考核评价还为学校管理者制定相关政策提供了依据。通过深入分析考核结果,管理者可以洞察教师队伍的现状和趋势,及时调整和完善相关政策,以更好地适应教育改革和发展的需要。

在构建教师考核评价体系时,必须充分考虑岗位职责和目标任务,坚持"德、能、勤、绩"全面考核的原则。其中,"德"是指教师的道德品质和教育伦理,它是教师工作的基石;"能"是指教师的教学、科研和管理能力,它是教师工作的核心;"勤"是指教师的工作态度和工作作风,它是教师工作的重要保障;"绩"是指教师的工作成果和业绩,它是教师工作的直接体现。通过这四个方面的考核,可以全面、客观地评价教师的工作表现,为教师的职业发展和学校的长远发展打下坚实基础。

此外,要充分发挥考核评价在学校管理中的基础性作用。一方面,通过考核评价结果的反馈,教师可以了解自己在工作中的优势和不足,进而调整工作策略和方法,提高工作效率和质量。另一方面,通过考核评价的激励作用,可以激发教师的工作热情和创造力,促使他们更加认真地履行岗位职责,为学校的发展贡献更多的智慧和力量。

总之,教师的考核评价是一项复杂而重要的工作。它不仅关系到教师个人的职业发展和工作积极性,也关系到学校整体的教学质量和办学水平。因此,我们必须高度重视教师的考核评价工作,不断完善考核评价体系和方法,以更好地服务于教师的成长和学校的发展。

3. 教师培养

随着时代的进步和教育改革的深入,高职院校教师的培养与发展已成为提升整体教育质量的关键。高职院校管理部门应当深入了解教师的职业特征,为他们提供丰富多样的学习培养机会,帮助他们及时更新知识体系,增强教书育人的能力。这不仅关系着教师个人的成长,更是对整个教育事业的贡献。

高职院校应设立专门的教师培养基金,确保有足够的资源用于教师的专业发展,或制订国内外师资培养规划和年度培养计划,确保教师培养工作的系统性和持续性。在这一过程中,要始终贯彻"以人为本,尊重个性"的理念,让每一位教师都能根据自己的兴趣和特长进行自主学习和发展。

在教师培养工作中,应根据学科建设发展的需要,给予教师更多的自主权和空间。这样教师就能更加灵活地调整自己的研究方向,更好地适应学科发展的要求。同时,通过分层培养的方式,如杰出人才培养、学术创新团队培育、优秀青年骨干教师培养、青年教师学位提升等,形成梯队合理、结构优化的教师团队。

对于杰出人才,高职院校应加大投入力度,采取特殊措施,给予政策倾斜和重点扶植。这不仅可以提升他们的学术水平,还能带动整个学科团队的发展,使之在国内外学术前沿占据一席之地,进而发展成为省部级、国家级学科或团队。

对于优秀青年骨干教师,高职院校可以每年选派一定数量的教师到国(境)外高水平大学(科研机构)做访问学者,开展合作研究。这不仅能够拓宽他们的学术视野,还能提升他们的研究能力,为未来的学术发展奠定坚实基础。

对于硕士学位青年教师,高职院校可以鼓励和支持他们在职或脱产到国内高水平大学(科研机构)攻读博士学位,提高专任教师中博士学位教师的比例。这将进一步提升高职院校的整体师资水平,为培养更多高素质人才提供有力保障。

此外,高职院校还可以通过建立"教授论坛",组织教师学术沙龙等方式,活跃学术气氛,创造良好学术氛围。这不仅可以加强教师之间的交流与合作,还能激发教师的创新精神,推动学术研究的深入发展。

总之,高职院校教师培养是教师晋升、成长和发挥潜能的主要途径,也是教师获得成就感的必要基础。通过科学合理的培养机制,可以打造出一支高素质、专业化的教师队伍,为高职院校的可持续发展提供强有力的人才支撑。因此,高职院校管理部门应高度重视教师培养工作,不断完善培养体系,为教师的成长和发展创造更多机会和平台。

第四节 平衡计分卡理论

平衡计分卡理论是一种全面、系统的管理工具,它能够帮助企业实现长期战略目标,实现四个关键领域之间的平衡。通过设定具体的可操作目标,企业能够更加清晰地了解自身的优势和不足,从而有针对性地制定改进措施,不断提升自身的竞争力和可持续发展能力。

一、平衡计分卡理论

在21世纪这个信息化、全球化的时代,企业管理工具的种类日益繁多,每一种都有其独特之处,为企业带来不同的价值和影响。而平衡计分卡以其独特的战略性和系统性赢得了广泛的认可和应用,被誉为当今世界上最流行的管理工具之一。平衡计分卡诞生于20世纪80年代,是罗伯特·卡普兰和大卫·诺顿两位学者在对12家绩效评价领先的公司进行为期一年的深入研究后,提出的一种财务与非财务相结合的指标体系。这种评价方法不仅关注企业的财务状况,更将视角扩展到了客户、内部业务流程以及员工学习与成长等多个维度,从而为企业提供了一个全面、系统的评价框架。平衡计分卡相对于传统的绩效评价体系,具有以下几个显著的特点。

第一,平衡计分卡具有战略性。它不仅是一种评价工具,更是一种战略管理的工具。它从企业发展的战略出发,通过自上而下的方式,将企业的战略目标分解为具体的、可操作的指标,确保企业的每一个部门、每一名员工都能够明确自己的目标和方向,形成协同作战的合力。

第二,平衡计分卡具有多元性。它不再仅仅关注企业的财务指标,而是将财务指标与非财务指标相结合,形成了一个多元化的评价体系。这种多元化的评价体系使企业能够更全面地了解自身的运营状况,及时发现并解决潜在的问题,确保企业的持续健康发展。

第三,平衡计分卡具有动态性。它不是一成不变的,而是随着企业战略目标的变化而不断调整。这种动态性使平衡计分卡能够始终与企业的战略目标保持高度一致,确保企业的绩效评价始终沿着正确的方向进行。

第四,平衡计分卡具有系统性。它将企业的各个部门和员工紧密地联系在一起,形成了一个完整的评价体系。这种系统性使企业能够更好地协调各个部门之间的关系,确保资源的优化配置和高效利用。

第五,平衡计分卡具有激励性。它通过明确的指标和目标,为企业的每一个部门和每一名员工提供清晰的努力方向。这种明确的努力方向不仅能够激发员工的积极性和创造力,还能够增强企业的凝聚力和向心力,从而推动企业的快速发展。

平衡计分卡基本模型如图 3-1 所示。

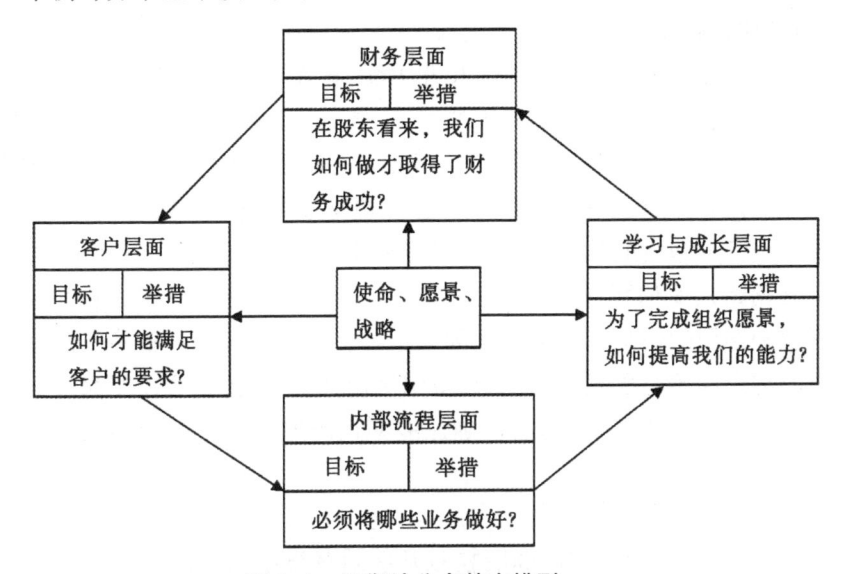

图 3-1 平衡计分卡基本模型

平衡计分卡作为一种战略执行工具,它强调了组织在追求成功过程中需要平衡考虑的四个关键领域:学习与成长、内部流程、客户以及财务。这四个角度不仅涵盖了组织内部的因素,还涉及了外部环境的影响,为组织提供了一个全面而系统的视角,以指导其战略规划和执行。

(1)从学习与成长的角度来看,平衡计分卡强调了组织需要不断积累和更新知识、技能及系统。这是组织创新和建立竞争优势的基础。通过培养员工的学习能力和创新精神,组织能够不断适应市场的变化,开发出更具竞争力的产品和服务。

(2)内部流程角度要求组织优化其内部运营机制,以确保能够有效地将知识和技能转化为实际的业绩,包括提高生产效率、降低成本、优化流程等方面。通过持续改进内部流程,组织能够更高效地为客户提供价值,从而赢得市场份额。

（3）客户角度是平衡计分卡中至关重要的一环。组织需要关注客户的需求和期望,并将其转化为具体的产品和服务。通过深入了解客户的需求,组织能够开发出更符合市场需求的产品,从而提升客户满意度和忠诚度。

（4）财务角度是平衡计分卡的核心。组织需要关注其财务状况和业绩指标,以确保实现长期的股东价值,包括收入、利润、成本等方面的指标。通过关注财务指标,组织能够更好地评估其战略执行的效果,从而做出相应的调整。

平衡计分卡的这四个方面相互关联、相互支撑,构成了一个完整的战略框架。它强调了内因和外因的平衡、领先指标和滞后指标的平衡、财务指标和非财务指标的平衡以及业务单位目标和组织整体目标的平衡(图3-2)。这种平衡的理念使组织能够在追求短期业绩的同时,也能够为长期发展打下坚实的基础。然而,尽管平衡计分卡受到了许多企业的青睐,但其创始人罗伯特·卡普兰却指出,许多企业在使用平衡计分卡时存在误解和误用的情况。这可能是因为这些企业没有真正理解平衡计分卡的核心理念和核心要领。因此,在使用平衡计分卡时,企业需要深入学习和理解其背后的原理和方法,以确保能够正确地应用它来指导战略规划及其执行。

二、平衡计分卡在高职院校教师绩效考核中的应用

随着教育改革的不断深化,高职院校教师绩效考核成为提升教育质量和教师工作积极性的重要手段。将平衡计分卡的核心思想运用于高职院校教师绩效考核,不仅有助于实现战略导向的评价,还能促进教师个人成长和学校整体发展。下面旨在探讨如何将平衡计分卡的四维度转换为高职院校教师绩效考核的要素,以及通过分析这些要素之间的关系,设计一套具体的考核指标体系。

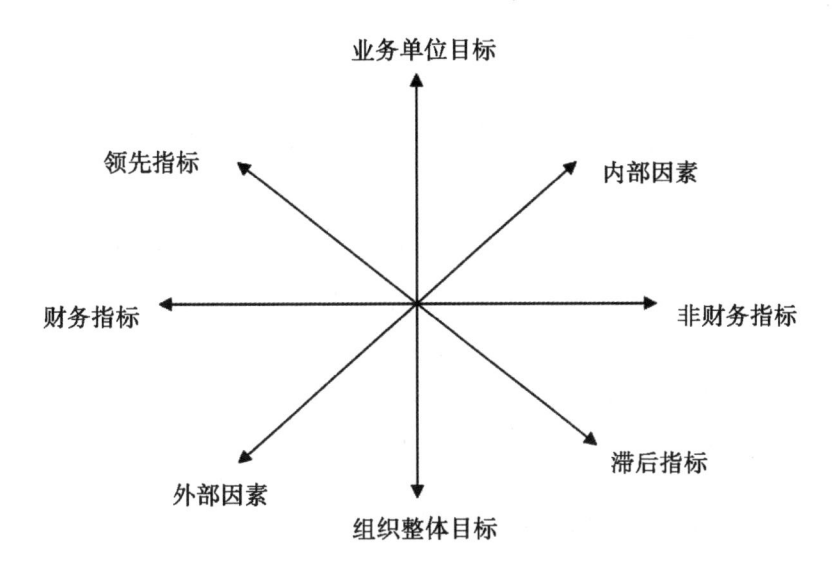

图3-2 平衡计分卡的平衡视角

（一）平衡计分卡的四维度转换

1. 平衡计分卡与高职院校教师绩效考核的四维度转换

平衡计分卡作为一种战略管理工具，通过学习与成长、内部流程、客户以及财务四个维度，为企业提供了一个全面的绩效评价框架。在高职院校教师绩效考核中，我们可以借鉴这四个维度，将其转换为适合教育领域的考核要素。

（1）财务维度与教师职责维度的转换

企业的财务维度主要关注收入、收入增长率、资本收益率和利润等经济指标，体现了企业的生存能力和股东利益。对于高职院校教师而言，他们的"股东"是党和国家，他们需要创造性地、出色地完成学校赋予的职责和任期目标。因此，在高职院校教师绩效考核中，财务维度可以转换为教师职责维度，包括教学任务完成情况、科研成果产出、社会服务贡献等方面。

（2）客户维度与学生维度的转换

企业的客户维度强调客户的重要性，认为没有客户就没有企业。对于高职院校而言,学生就是其"客户",失去了学生的支持,学校就失去了存在的价值和意义。因此,在教师绩效考核中,客户维度可以转换为学生维度,包括学生对教师教学的满意度、教师的教学方法和手段是否适合学生、教师是否关心学生的成长等方面。

(3)内部流程、学习与成长维度的保持

内部流程、学习与成长这两个维度对于各类组织的管理和评价具有普遍的适用性。在高职院校教师绩效考核中,可以保持这两个维度的原意,关注教师的教学流程是否规范、是否有利于学生的学习;同时,关注教师的个人成长和学习情况,包括参加培训、学术交流、自我提升等方面。

2.构建高职院校教师绩效考核的平衡计分卡模型

通过以上的转换和保持,我们可以得到适用高职院校教师绩效考核的平衡计分卡导向模型。该模型围绕教师职责维度、学生维度、内部流程维度、学习与成长维度展开,形成一个全面、系统的考核框架(图3-3)。

高职院校的愿景是培养高素质人才,这一目标的实现离不开教师整体素质和能力的不断提高。因此,教师的使命应围绕培养高素质人才这一长远愿景来展开,从教师职责、学生、内部流程和学习与成长四个维度进行确定和调整。只有这样,高职院校才能真正培养出符合社会需求和时代发展的高素质人才,为国家的繁荣富强和社会的进步发展贡献力量。

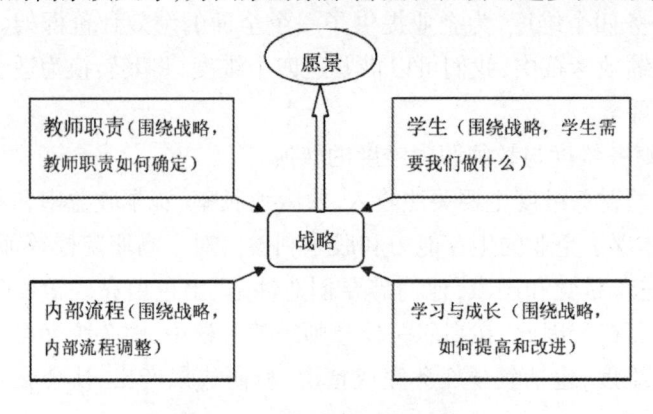

图3-3 平衡计分卡导向模型

3.四维度的因果关系

随着高职院校角色和职能的重新定位,它们已经从一个单纯的教育机构转变为提供高水平教育服务的重要机构。这种转变意味着高职院校的战略目标已经转变为满足学生的需求,以提高他们的科学文化水平。这种变化不仅改变了高职院校与学生之间的关系,也改变了高职院校内部的管理方式。过去,高职院校与学生之间的关系主要是教育管理者与被管理者的关系。然而,随着高职院校角色的转变,这种关系已经转变为教育服务的提供者与消费者以及客户的关系。这种新的关系意味着高职院校必须更加注重学生的需求,以提供更加优质的服务。同时,这也意味着教师的角色已经从单纯的教育者转变为教育服务的具体提供者。

因此,在高职院校的绩效管理中,必须以学生为中心,以学生的需求为导向。这意味着高职院校的所有活动都应该以满足学生的需求为中心,包括课程设计、教学方法、教学资源的分配等。只有这样,高职院校才能真正实现其战略目标,即提供高水平的教育服务,培养高素质的人才。为了实现这一战略目标,高职院校必须在客户层面做到以下几点。

首先,提供高质量的教育服务,包括专业知识传授和综合素质培养。这是实现高职院校战略目标的基础。

其次,高职院校必须确保教师能够保质保量地履行其职责,以提高学生的满意度和受益度。

为此,高职院校需要创新体制和机制,改进流程,提高效率。然而,要实现这些改进措施,高职院校还需要关注内部流程的改进。这是因为内部流程的改进是提高教师素质和实现其持续成长的前提。只有当教师具备足够的专业素质和教学能力,他们才能提供高质量的教育服务,满足学生的需求。因此,高职院校教师绩效考核的平衡计分卡导向模型通过四个维度(学习与成长、内部流程、教师职责、学生)之间的因果关联,展示了高职院校教师的核心绩效指标。这四个维度之间的关系可以概括为:教师的学习与成长情况决定内部流程的改进,内部流程改进决定教师职责的履行,教师职责的履行决定学生的培养质量,最终影响高职院校战略目标和愿景的实现(图3-4)。

行动 —————————————————————→ 结果

学习与成长 → 内部流程 → 教师职责 → 学生 → 战略、愿景

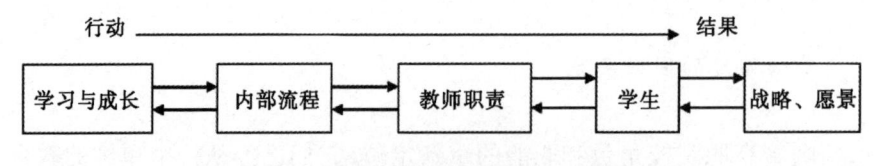

图3-4 四维度绩效考核因果关联模型图

高职院校的战略目标已经转变为提供高水平的教育服务，以满足学生的需求。为了实现这一目标，高职院校需要改进内部流程，提高教师的教学质量，以满足学生的需求。同时，高职院校还需要通过绩效考核等机制，确保教师能够履行其职责，以实现高职院校的战略目标。

（二）平衡计分卡的实施步骤

1. 制定高职院校愿景目标与发展战略

高职院校作为为社会培养高素质技能人才的摇篮，其使命与任务尤为重要。为达成这一使命，首先必须确立清晰、具体的愿景目标，以此为指引制定科学合理的发展战略。这一战略不仅关乎学校的未来发展，更直接影响到每一位教师的职业成长和学生的教育质量。

（1）制定高职院校愿景目标

高职院校的愿景目标应紧密围绕其使命与任务，即培养具备专业技能和职业素养的高素质人才。在此基础上，可以将愿景目标细化为提高教育质量、加强师资队伍建设、优化专业设置、提升科研水平等多个方面。这些目标既相互独立，又相互关联，共同构成了高职院校发展的整体框架。

（2）制定高职院校发展战略

在明确了愿景目标后，需要根据学校的实际情况和发展需求，制定切实可行的发展战略。这一战略应包括教育教学改革、师资队伍建设、科研创新、社会服务等多个方面。在制定过程中，要充分考虑学校的历史传承、地域特色以及行业发展趋势，确保战略具有可操作性和可持续性。

（3）战略分解与内部沟通

战略制定完成后，需要对其进行详细的分解和解释，确保每一位教师都能明确学校的战略方向和目标。通过加强内部沟通和教育，使教师了

解自己在实现学校战略目标中的角色和责任,从而形成共同的目标意识和提高行动力。

(4)教师职位发展战略的制定

在明确了学校发展战略后,还需要将这一战略转化为教师职位发展战略。这要求我们在教师职位设置时,充分考虑学校的发展战略需求,明确各职位的职责和技能要求,为教师的职业发展提供明确的指导。

(5)平衡计分卡的制定与绩效考核

平衡计分卡作为一种有效的管理工具,可以帮助我们更好地将学校的战略目标转化为具体的衡量指标。在制定平衡计分卡时,我们需要从学习与成长、内部流程、教师职责、学生四个维度出发,设置具体的绩效指标,以便对学校各个层面的工作进行全面、客观的评价。

在平衡计分卡制定完成后,可以根据各职位的职责和技能要求,将学校的战略目标分解为具体的绩效指标,对教师进行绩效考核。这一过程要求我们坚持公平、公正、公开的原则,确保考核结果能够真实反映教师的工作表现。

(6)绩效考核与教师个人发展

绩效考核的结果不仅是对教师工作表现的评价,更是对教师个人发展的指导。需要将考核结果与教师个人发展和学校的发展紧密联系起来,鼓励教师在不断学习、成长和个人发展中,为学校的发展作出贡献。同时,还应该建立完善的激励机制,对表现优秀的教师给予适当的奖励和晋升机会,激发教师的工作热情和创造力。这样才能在教师的个人发展中推动学校的发展,实现学校的战略目标。

2.把高职院校教师职位发展战略转化为一系列的衡量指标

平衡计分卡作为一种高效的实施机制,它在企业战略管理中扮演着至关重要的角色。通过将企业的发展战略与一系列精确的衡量指标巧妙地相结合,成功地缩短了战略制定与战略实施之间的鸿沟,使企业的战略愿景能够更顺畅地转化为实际行动。平衡计分卡的核心在于其独特的分解过程。在这个过程中,企业内部的上下级之间需要进行充分的沟通与交流,以确保对考核目标形成共识。这种共识的达成不仅有助于形成协调一致的考核目标,还能够增强员工的归属感和责任感,从而激发他们更加积极地投入工作中。平衡计分卡的实施过程是一个不断循环的过程。

教师在制定个人目标后，需要与上级、下级以及相关人员进行深入的讨论和修改，以确保目标的合理性和可行性。这种循环的过程有助于及时发现和解决问题，确保目标的顺利实现。在制定目标时，教师需要特别注意目标的细化。只有具体、明确的目标才能够真正起到激励和监督的作用。通过细化目标，教师可以更加清晰地了解自己的工作方向和目标，从而更加有针对性地开展工作。同时，细化的目标还能够为后续的考核和评估提供更为准确和客观的依据。

3.教师发展战略的具体实施、反馈和中期调整

在具体的战略实施过程中，上级的角色至关重要。他们需要时刻保持警惕，确保战略计划的顺利推进。这不仅要求上级具备高效的检查监督能力，还需要他们具备灵活应变的智慧。面对内部和外部环境的变化，上级必须迅速做出调整，确保战略计划始终与实际情况保持同步。与此同时，上级还需要及时将近期的工作情况向学生——我们的"客户"进行展示。这种展示不仅是为了让学生了解教师的工作进展，更是为了让他们看到教师的努力，从而增强对学校和教师的信任，以及他们对教师教学计划的理解与支持。

然而，在实施战略的过程中，难免会遇到各种问题。这时上级需要注重采纳上下级和学生的意见，及时进行修改。这种共同参与修订战略计划的过程不仅体现了民主决策的精神，还能够激发大家的积极性和创造力。通过共同修订战略计划，教师可以不断完善战略方案，使其更加符合实际情况。值得注意的是，共同修订战略计划也是制订下一轮工作计划的前提。在修订过程中，教师可以总结经验教训，发现新的机遇和挑战，为下一轮教学计划的实施提供有益的参考。因此，上级应该高度重视修订战略计划的过程，确保每一个环节都得到充分的讨论和研究。在具体的战略实施过程中，上级需要充分发挥检查监督、灵活应变、展示成果、采纳意见和修订计划等方面的作用。只有这样，教师才能确保教学计划的顺利实施，达到满意的效果。

4.对考核结果的应用

高职院校教师绩效考核是评价教师工作表现、能力和贡献的重要手

段。为了确保考核结果的有效性和公正性,应将其与教师的奖金待遇、职务晋升、教育培训等直接挂钩,形成一个完整的管理回路。这一机制的建立旨在激发教师的工作热情,挖掘其潜力,最大限度地开发和利用学校的人力资源,从而提高整个学校的绩效水平。

首先,与教师的奖金待遇挂钩,能够形成浮动薪酬的绩效激励系统。在这种制度下,个人的薪酬水平将与其工作绩效直接相关。对于工作任务完成出色、创新能力强的教师,应及时给予相应的奖励,以表彰其贡献和激励其继续努力。而对于工作表现不佳的教师,则需要进行相应的惩罚,以促使其改进工作方法和提高工作效率。这样的奖励和惩罚机制不仅能够激发教师的工作积极性,还能推动学校整体绩效的提升。

其次,将绩效考核结果与职务晋升挂钩,能够形成有效的竞争机制。通过评价教师的业绩和能力,选拔出优秀的教师,为其提供更多的发展机会和空间。这不仅能够激发教师的进取心,还能促进学校内部的人才流动和合理配置。同时,对于那些在考核中表现不佳的教师,也可以通过职务晋升的激励,促使其努力提升自己的工作能力和水平。此外,将绩效考核结果与教育培训挂钩,能够为教师提供有针对性的培训和发展机会。根据教师的考核结果,学校可以了解到每位教师的优势和不足,从而为其量身定制相应的培训计划和课程。这样的培训不仅能够提升教师的专业技能和教学水平,还能帮助其更好地适应学校的发展需求,实现个人和学校的共同发展。

第四章

高职院校教师绩效考核与管理的基本方法

　　高职院校教师绩效考核与管理的基本方法不仅涉及教育教学的评价,更关系到高职院校整体的教学质量、师资力量的培养和发展。为了提升教师的工作积极性和效率,构建科学合理的绩效考核体系至关重要。高职院校教师绩效考核与管理的基本方法应以公平、客观、发展为原则,通过360度考核法、目标管理法、关键事件法、目标与关键成果管理法、关键绩效指标法等多种方法进行评价。同时应及时反馈考核结果,建立奖惩机制,提供培训与发展机会,确保绩效考核工作的有效性和可持续性。通过科学合理的绩效考核体系,可以激发教师的工作热情,提升教学质量,推动高职院校的可持续发展。

第一节　360度考核法

　　绩效考核是企业管理中不可或缺的一环,它通过对员工工作表现的评价,为企业的决策提供重要依据。在众多绩效考核方法中,360度考核法因其全面、客观、公正的特点而备受推崇。那么,什么是360度考核法呢?

第四章
高职院校教师绩效考核与管理的基本方法

一、360度考核法的定义

360度考核法是一种全方位、多角度的员工绩效评估方法。该方法不仅关注被考核者的工作表现，还从多个角度收集信息，包括上级、下级、同级和客户的评价，以及被考核者自身的反馈。通过收集这些多元化的评价信息，可以更全面地了解被考核者的优点和不足，从而为其提供更准确的绩效反馈和改进建议。

360度考核法从上级、下级、同级和客户等多个角度进行评价，使评估结果更加全面和客观。上级的评价可以反映被考核者的工作能力和领导才能，下级的评价可以反映其管理和指导能力，同级的评价可以反映其团队合作和沟通能力，而客户的评价则可以反映其服务质量和客户满意度。这些不同角度的评价信息相互补充，可以更全面地反映被考核者的整体表现。

360度考核法强调个人意见的听取和反馈。被考核者有机会对自己的工作表现进行自我评价，并表达对他人评价的看法和意见。这种双向沟通的方式有助于增强被考核者的自我认知，提高其参与评估的积极性，同时也有助于增进员工与管理层之间的沟通和信任。

360度考核法还有助于发现潜在的问题和改进空间。通过多个角度的评价反馈，被考核者可以更加清晰地了解自己的优点和不足，以及需要改进和提升的方面。这种全面的评估方式有助于激发员工的自我提升动力，促进个人和组织的共同成长。当然，360度考核法也存在一定的局限性。由于评价涉及多个角度和利益相关者，可能会出现评价信息不一致或冲突的情况。此外，如果评价过程操作不当或参与者缺乏公正客观的态度，也可能导致评估结果失真或偏颇。因此，在实施360度考核法时，需要确保评价过程的公正性和客观性，同时加强对评价者的培训和指导，以确保评估结果的准确性和有效性。

总之，360度考核法是一种全面、客观、公正的员工绩效评估方法。除了帮助员工提升个人能力外，这种考核方法还有助于增强企业内部的凝聚力。当员工感到自己的努力和贡献得到了公正的评价时，他们会更加认同企业文化和价值观，从而更加积极地投入工作中。这种凝聚力的提升有助于形成积极向上的工作氛围，推动企业的持续发展。

二、360度考核法的特点

(一)全面性

360度考核法从多个角度对员工进行评价,不仅包括上级的评价,还包括下级、同事、客户等各方面的意见,因此能够更全面地反映员工的工作表现。这种方法之所以被称为360度考核法,就是因为它全方位、多角度地评估了员工的工作表现。传统的考核方式往往只依赖于上级的评价,这种方式虽然有一定的参考价值,但往往难以全面反映员工的真实能力和工作表现。而360度考核法则打破了这种局限性,引入了更多的评价者,从而获得了更加全面和客观的考核结果。

(二)客观性

360度考核法有助于被评价者更全面地了解自己在工作中的表现,以及在不同层面和角度下需要改进的地方。通过收集来自不同评价者的反馈,被评价者可以获得更加全面和深入的自我认识,从而更好地规划自己的职业发展路径。同时,360度考核法也有助于加强组织内部的沟通和协作。不同层面的评价者之间可以相互交流和分享对被评价者的看法和建议,从而增进彼此之间的了解和信任。这种沟通和协作的氛围有助于营造积极向上的组织文化,提高员工的工作积极性和满意度。

(三)反馈性

360度考核法作为一种全面的绩效评估方法,它的重要性不仅在于其评价过程,更在于其所蕴含的反馈机制。通过此种方法,员工能够接收到来自不同角度、不同层面的反馈,从而全面、客观地审视自己在工作中的表现。这种反馈不仅能帮助员工认识自己的优点和不足,还能为他们的个人发展提供有力的指导。

通过多方面的反馈,员工能够更全面地了解自己的表现,同时也能避免单一评价者的主观偏见。

三、在高职院校教师绩效考核中应用360度考核法的分析

（一）在高职院校教师绩效考核中应用360度考核法需要注意的问题

在实施360度考核法时，需要注意以下几点。

第一，明确评价的目的是评价的前提。只有明确了评价的目的，我们才能有针对性地制定评价标准和方法。例如，如果评价的目的是选拔优秀人才，那么评价标准就应该更加注重能力和潜力；如果评价的目的是激励员工或学生进步，那么评价标准就应该更加注重过程和努力。同时，标准的制定也需要考虑不同岗位或学习阶段的特点，以确保评价的客观性和公正性。

第二，选择合适的评价人员至关重要。评价人员不仅要有足够的专业知识和经验，还需要具备良好的品德和责任心。他们应该能够全面了解被评价者的工作或学习情况，从多个角度和层面进行评价，以确保评价结果的全面性和准确性。在实际操作中，我们可以通过设立评价小组、采用360度反馈机制等方式，让多个层面的评价人员参与评价过程，从而得到更加全面和客观的评价结果。

第三，注重评价过程的保密性和匿名性也是非常重要的。评价过程中收集的信息往往涉及被评价者的隐私和利益，如果泄露出去，可能会对被评价者造成不良影响。因此，评价人员应该严格遵守保密规定，确保评价信息的安全性。同时，采用匿名评价方式能避免被评价者因为担心评价结果受到人为因素的干扰而不敢表达自己的真实想法的情况的发生。这样可以让被评价者更加放松和自信地参与评价过程，从而得到更加真实和客观的评价结果。

总之，要确保考核评价的客观性和公正性，我们需要明确评价的目的和标准，选择合适的评价人员，并注重评价过程的保密性和匿名性。只有这样，我们才能得到更加全面、准确和客观的评价结果，为组织的发展和个人的进步提供有力的支持。同时，我们也需要不断完善评价方法和流程，以适应不断变化的工作和学习环境，确保评价工作持续有效性和适应性。

（二）在高职院校教师绩效考核中应用360度考核法的优势

在高职院校的教师绩效考核体系中，360度考核法凭借其独特优势，成为众多评价方法中备受青睐的一种。360度考核法的优点主要体现在以下几个方面。

第一，360度考核法有助于激发教师的工作积极性和创造力，促进教师的自我提升和发展。在这种考核方式下，教师不仅可以从多个角度获得反馈，还能够了解到自己在工作中的优点和不足。这种反馈机制有助于教师明确自己的发展方向，制订更为合理的个人成长计划。同时，由于评价结果与教师的职业发展紧密相关，教师会更加积极地投入工作中，不断提升自己的专业技能和教学水平。这种积极的氛围有助于形成良好的校园文化，促进学校的整体发展。

第二，360度考核法能够为高职院校提供全面、客观、公正的教师绩效评价结果，为学校的教学和管理提供有力支持。通过对教师的综合评价，学校可以更加准确地了解教师的工作能力和潜力，为教师的岗位调整、职称晋升等提供科学依据。同时，这种考核方式还有助于学校及时发现和解决教学中存在的问题，从而提升教学质量和效果。此外，360度考核法还有助于增强学校的凝聚力，促进教师之间的合作与交流，形成良好的学术氛围。

因此，高职院校应当积极推广和应用360度考核法，不断完善和优化教师绩效考核体系，为教师的成长和学校的发展创造更加良好的环境。

（三）在高职院校教师绩效考核中应用360度考核法的不足

高职院校教师绩效考核是提升教育质量和教师个人发展的重要手段。在众多考核方法中，360度考核法因其全面、多维度的特点而备受关注。然而，正如任何事物都有其两面性，360度考核法在实施过程中也存在一些不足之处。

首先，评价过程中的人际关系因素可能会对考核结果产生干扰。在高职院校中，教师与教师、教师与领导之间的人际关系复杂，有时难以避免情感因素的影响。这种情感因素可能导致评价者在评价过程中产生偏见，从而影响评价结果的客观性和公正性。例如，某些教师可能因为与领导关系较好而获得更高的评价,而某些教师可能因为与同事存在矛盾而获得较低的评价。因此,在实施360度考核法时,需要采取一系列措施来减少人际关系对评价结果的影响,如加强评价者的培训、提高评价者的专业素养和道德水平以及采用匿名评价方式等。

其次,360度考核法需要耗费大量时间和精力。与传统的单一评价者评价方式相比,360度考核法需要多个评价者对同一教师进行评价,评价过程更加烦琐和复杂。这不仅增加了评价工作的难度,还可能会给学校和教师带来额外的工作负担。为了减轻这种负担,学校和教师可以采取一些措施,如合理安排评价时间、减少不必要的评价环节以及利用信息化手段(如在线评价系统、大数据分析等)提高评价效率等。

尽管360度考核法存在上述不足,但我们不能否认其在高职院校教师绩效考核中的重要地位。通过全面、多维度的评价,能更好地了解教师的工作表现和个人能力,从而为教师的个人发展提供有力支持。因此,在实施360度考核法时,我们需要充分考虑其优缺点,并结合实际情况进行灵活运用。

第二节　目标管理法

一、目标管理法理论阐释

(一)目标管理法的背景与发展

目标管理法(Management by Objectives,MBO)是一种源自20世纪50年代的管理方法,由管理大师彼得·德鲁克在其经典著作《管理的实践》中首次提出。德鲁克敏锐地观察到,传统的命令式管理已经难以适应现代企业的快速发展和变革需求。他认为,一个更加灵活、能够激发员工内在动力的管理方法势在必行,于是目标管理法应运而生。目标管理法强调以目标为导向,通过设定明确、可衡量的目标,激发员工的积极性和创造力,从而提高组织的整体绩效。这种方法不仅注重目标的设定,还关注目标的执行和评估。通过定期检查和调整,确保员工和组织能够沿着正确的方向前进,实现既定目标。

随着企业规模的不断扩大和市场竞争的日益激烈,目标管理法逐渐受到了广泛的关注和应用。这是因为目标管理法具有很强的普适性和灵活性,能够适应不同组织的特点和需求。在企业管理领域,目标管理法被广泛地应用于各个行业和规模的企业。通过设定明确的目标和期望,企业能够引导员工朝着共同的方向努力,形成强大的团队合力。同时,目标管理法还能够激发员工的自我驱动力和创新精神,为企业创造更多的价值。除了企业管理领域,目标管理法在政府、教育、医疗等领域也得到了广泛应用。例如,政府部门可以通过设定明确的政策目标,提高政策执行的效果和效率;教育机构可以通过设定教学目标,提高教育质量和学生的学习成果;医疗机构可以通过设定医疗质量目标,提高医疗服务水平和患者满意度。

总之,目标管理法作为一种以目标为导向的管理方法,具有广泛的应用前景和深远的意义。它不仅能够帮助组织提高绩效和效率,还能够激发员工的积极性和创造力,推动组织的可持续发展。未来,随着社会的不断进步和变革,目标管理法将继续发挥重要作用,为组织的成功和发展提供有力支持。

(二)目标管理法的定义

目标管理法不仅是一种管理工具,更是一门哲学,它强调通过设定明确、可衡量的目标来引导和管理组织的活动,使组织和个人能够协同工作,共同实现既定的目标。

目标管理法的核心思想在于"以目标为导向"。这意味着组织的所有活动都应该围绕实现既定的目标进行。这些目标不仅应该是明确的、可衡量的,而且应该是具有挑战性的,能够激发员工的积极性和创造力。通过设定这样的目标,目标管理法帮助组织建立了一个清晰的方向,使每位成员都能够明确自己的职责和任务,从而更好地协同工作。

(二)目标管理法的实践方式

目标管理法不仅有助于组织实现其长期愿景,还能激发员工的潜力,提高整体绩效。下面将详细探讨目标管理法的五个核心步骤,并深入分析每个步骤的重要性。

目标设定是目标管理法的基石。一个明确、可衡量的目标能够引导组织朝着既定方向努力。这些目标需要与组织的整体战略和愿景相契合，以确保组织的长期发展。同时，目标的挑战性也是至关重要的，它能够激发员工的积极性和创造力，推动组织不断超越自我。

目标分解是将整体目标细化为具体的、可操作的小目标的过程。这些小目标应该与整体目标紧密相连，形成一个完整的目标体系。通过目标分解，组织能够将宏观的战略目标转化为员工日常工作的具体任务，使每位员工都能明确自己的职责和目标。

目标实施是在实施过程中组织需要制订详细的计划，以确保每个小目标都能得到有效实现，包括资源分配、时间规划、人员培训等方面。此外，组织还需要关注员工的培训和发展，帮助他们提升技能和能力，以更好地实现个人和组织的目标。

目标评估是目标管理法实施过程中不可或缺的一环。通过对目标进展的定期评估，组织可以及时发现潜在问题并采取相应措施进行解决。同时，评估结果还能为组织提供反馈，帮助其调整和优化实施计划。

目标调整是目标管理法实施过程中的重要环节。随着市场环境、竞争态势和组织内部条件的变化，原本设定的目标可能需要进行相应的调整。通过持续审查和调整目标，确保其始终与整体战略和愿景保持一致，能实现组织长期的可持续发展。

综上所述，目标管理法作为一种先进的管理工具，通过目标设定、目标分解、目标实施、目标评估和目标调整五个核心步骤，帮助组织实现其长期愿景，激发员工潜力，提高整体绩效。在实际应用中，组织应根据实际情况灵活运用目标管理法，以推动组织的持续发展和进步。

二、目标管理法的实际应用与案例

目标管理法在许多企业和组织中得到了广泛地应用。例如，华为公司在其发展过程中就采用了目标管理法。华为公司通过设定明确的目标和计划，鼓励员工参与决策和自我管理，实现了快速的发展和壮大。此外，许多跨国公司和知名企业也都将目标管理法作为其核心管理工具之一。

（一）目标管理法在高职院校教师绩效考核中的应用

高职院校作为培养高素质技术技能人才的重要基地,教师绩效考核工作至关重要。目标管理法在高职院校教师绩效考核中具有广泛的应用前景。首先,通过设定明确、可衡量的教学目标,可以引导教师关注教学质量和效果,提高教学水平和质量。其次,目标管理法鼓励教师参与目标的制定过程,明确个人的教学任务和职责,从而增强教师的责任感和主动性。再次,这种参与式的管理方法还有助于促进教师之间的合作与交流,形成良好的学术氛围。最后,目标管理法注重结果导向,以教学目标的完成情况作为衡量教师工作绩效的主要标准。这种结果导向的管理方法有助于激发教师的创造力和积极性,推动教师不断改进教学方法和手段,提高教学效果。

（二）目标管理法在高职院校教师绩效考核中的优势与挑战

目标管理法在高职院校教师绩效考核中具有诸多优势。首先,它能够帮助组织和个人明确工作目标和方向,提高工作效率和质量。其次,目标管理法强调员工的参与和自我管理,有助于增强教师的责任感和主动性,促进个人和组织的共同成长。最后,目标管理法注重结果导向,以目标的完成情况作为衡量工作绩效的主要标准,有助于激发教师的创造力和积极性。然而,目标管理法在实施过程中也面临一些挑战。例如,目标的设定需要充分考虑组织的整体战略和愿景,同时还需要考虑教师的个人能力和实际情况,这对管理者提出了更高的要求。此外,目标管理法强调结果导向,可能会导致一些教师过分追求短期目标而忽视长期效益。因此,在实施目标管理法时,需要充分考虑其优缺点,并结合实际情况进行灵活运用。

第三节 关键事件法

关键事件法(Critical Incident Method, CIM)是一种常用于组织行为学、人力资源管理和心理学等领域的定性研究方法。它通过对特定工作环境中发生的"关键事件"进行深入分析和研究,以揭示这些事件对个体或组织行为的影响。关键事件通常指的是那些对个体或组织目标、绩效、动机、态度等方面产生显著影响的特定情境或事件。

一、关键事件法的定义

关键事件法是一种系统的、结构化的数据收集和分析方法,旨在识别和理解那些对个体或组织绩效产生重要影响的特定事件。这些事件可能是积极的,如成功完成一个项目或获得一项奖励;也可能是消极的,如工作失误、冲突或挫折。通过深入分析这些关键事件,研究者可以揭示出它们背后的原因、过程和结果,从而为改进组织绩效、提升员工满意度和制定有效的管理策略提供有价值的见解。

二、关键事件法的应用

关键事件法在组织行为学和人力资源管理中的应用广泛且深入。

在员工绩效评估领域,关键事件法凭借其精准度和有效性备受推崇。通过收集员工在工作中的关键事件数据,管理者可以清晰地看到员工在不同情境下的表现,识别出他们在工作中表现出色的具体情境和因素。例如,员工在处理复杂问题时表现出的创新思维、在紧急情况下展现的应变能力,或是在团队合作中起到的关键作用等。同时,关键事件法还能帮助管理者发现员工需要改进的地方,如沟通技巧、时间管理、决策能力等。

除了员工绩效评估,关键事件法在组织文化、领导力和团队合作等方面的研究中也发挥着重要作用。通过收集和分析关键事件数据,研究者可以深入了解组织内部的行为模式和动态过程,揭示组织文化的社会主义核心价值观、领导力的有效形式和团队合作的关键因素。这些洞见为制定更有效的管理策略提供了依据,有助于提升组织的整体效能和员工的满意度。

此外,关键事件法还可被用于研究组织变革、冲突解决和领导力发展等议题。例如,在组织变革过程中,关键事件法可以帮助管理者识别出变革过程中的关键转折点、影响变革成功的关键因素以及员工对变革的反应和适应性。在冲突解决方面,关键事件法可以帮助分析冲突产生的原因、冲突双方的行为模式和解决冲突的有效策略。在领导力发展方面,关键事件法可以揭示领导者在关键时刻的决策过程、领导风格和影响力,为领导者提供自我反思和改进的机会。

三、关键事件法在高职院校教师绩效考核中的应用

在高职院校教师绩效考核中,关键事件法的应用主要体现在以下几个方面。

首先,关键事件法能够真实反映教师的教学水平和工作态度。通过记录和分析教师在课堂上的表现、与学生的互动、对课程的准备和授课效果等关键事件,可以全面了解教师的教学水平和教学风格,以及其对教育事业的投入和热爱程度。这有助于学校对教师的教学质量进行客观评价,并为教师的职业发展提供有针对性的指导。

其次,关键事件法有助于评估教师的科研能力和学术水平。在高职院校中,教师的科研能力是衡量其学术水平的重要指标之一。通过记录和分析教师在科研项目申报、研究过程、成果产出等方面的关键事件,可以全面了解教师的科研能力和学术水平,以及其对科研工作的投入和贡献。这有助于学校对教师的科研工作进行客观评价,并为教师的学术发展提供支持和帮助。

最后,关键事件法可以促进教师的职业成长和自我提升。通过记录和分析教师在教学、科研、社会服务等方面的关键事件,教师可以及时发现自己的优点和不足,明确自己的职业发展方向和目标。同时,通过与其他教师的比较和交流,教师可以相互学习、共同进步,最大化实现自我价值。

综上所述,关键事件法在高职院校教师绩效考核中的应用具有重要

意义。通过全面、客观地评价教师的工作表现，促进教师的职业成长和自我提升，为学校的管理决策提供有力支持。因此，高职院校应积极探索和完善关键事件法在教师绩效考核中的应用，为教师的职业发展和学校的发展创造更加良好的条件

第四节　目标与关键成果管理法

一、目标与关键成果管理法的定义

目标与关键成果管理法（Objectives and Key Results，OKR）是一种明确和跟踪目标与关键成果的管理法。这种方法的核心在于将企业的战略目标分解为具体、可衡量的关键成果，通过不断地跟踪和评估，确保团队的工作始终围绕实现这些关键成果进行。目标与关键成果管理法的目的是帮助团队更加明确目标，提高工作效率，从而实现企业的整体战略目标。

二、目标与关键成果管理法的实施步骤

在当今竞争激烈的市场环境中，企业需要制定明确、可衡量的目标来指导团队的工作，确保资源的合理分配和高效利用。目标与关键成果管理法作为一种目标管理工具，能够帮助企业明确目标、分解关键成果，并通过执行、跟踪、评估和反馈等环节，实现战略落地。下面将从五个方面详细介绍如何制定和执行企业 OKR 计划。

（一）制定具有 SMART 属性的目标

SMART 原则是企业制定目标时应当遵循的五大标准，即目标应该具有明确性（Specific）、可衡量性（Measurable）、可达成性（Achievable）、相关性（Relevant）和时效性（Time-bound）。在制定目标时，企业需要明确自身的长期愿景和短期计划，确保目标能够反映企业的发展方向和市场需求。例如，某电商企业为了扩大市场份额，设定了在未来一年内销售额

增长30%的目标。这个目标既具有明确性又具有可衡量性,能够清晰地反映企业在市场扩张方面的成果。

(二)合理分解关键成果

将战略目标分解为具体的关键成果有助于企业更好地实现目标。这些关键成果应该具有可衡量性,能够明确反映目标的实现程度。同时,关键成果的数量应该适中,不宜过多也不宜过少,以确保团队能够集中精力实现这些成果。以一家软件开发企业为例,其战略目标可能是提高客户满意度。为了实现这一目标,企业可以将关键成果分解为提高软件稳定性、优化用户体验、缩短产品迭代周期等几个方面。每个关键成果都配备了具体的量化指标和评估标准,确保团队能够明确工作方向。

(三)制订灵活的目标与关键成果管理法计划

将目标和关键成果整合成目标与关键成果管理法计划,有助于企业更好地管理资源和指导团队工作。在制订目标与关键成果管理法计划时,企业需要明确每个关键成果的责任人、完成时间和评估标准。同时,目标与关键成果管理法计划应该具有灵活性,可以根据实际情况进行调整和优化。比如,一家初创企业在制订目标与关键成果管理法计划时,将关键成果分解为产品研发、市场推广和团队建设三个方面。在执行过程中,企业发现市场推广进度滞后,于是及时调整了资源分配,加大了市场推广力度。这种灵活调整确保了企业能够及时调整策略,以更好地实现战略目标。

(四)持续跟踪与及时调整

团队在执行目标与关键成果管理法计划的过程中,需要不断跟踪和评估关键成果的完成情况,及时发现问题并采取相应措施。同时,团队还需要保持与上级的沟通,确保工作始终围绕实现关键成果进行。比如,一家在线教育企业在执行目标与关键成果管理法计划时,设立了提高用户活跃度和降低用户流失率两个关键成果。在执行过程中,团队发现用户流失率较高,于是及时分析了原因并采取了改进措施。通过持续跟踪和及时调整,企业最终实现了用户活跃度和留存率的双提升。

(五)全面评估与反馈优化

在目标与关键成果管理法计划执行结束后,企业需要对关键成果的完成情况进行全面的评估,总结经验教训,为下一轮的目标与关键成果管理法计划制订提供参考。同时,团队还需要向上级反馈目标与关键成果管理法计划的执行情况和成果,以便企业及时调整和优化战略目标。比如,一家互联网企业在执行完一轮目标与关键成果管理法计划后,对关键成果的完成情况进行了全面评估。通过分析数据和收集反馈,企业发现某些关键成果的完成效果不佳,于是对下一轮的目标与关键成果管理法计划进行了优化调整。这种持续改进的机制有助于企业不断完善目标与关键成果管理法计划,提高战略执行效果。

总之,制订和执行企业目标与关键成果管理法计划是企业实现战略目标的重要手段。通过明确 SMART 目标、合理分解关键成果、制订灵活目标与关键成果计划、持续跟踪与及时调整以及全面评估与反馈优化五个方面的努力,企业可以确保目标与成果管理法计划的有效执行和战略目标的顺利实现。

三、目标与关键成果管理法在高职院校教师绩效管理中的应用

目标与关键成果管理法在高职院校教师绩效管理中的应用已得到了广泛的关注和实践。作为一种以目标为导向的绩效管理工具,目标与关键成果管理法能够帮助高职院校更加科学、客观地评估教师的工作表现,提升教师的工作积极性和效率,从而推动整个学校的发展。

在高职院校中,教师的工作具有多样性、复杂性和创新性等特点,因此传统的以量化指标为主的绩效管理方法往往难以全面、准确地评估教师的工作表现。而目标与关键成果管理法通过设定明确的目标和关键结果,将教师的工作重点与学校的发展目标相结合,使教师的工作更加有针对性和实效性。

在实施目标与关键成果管理法时,高职院校需要首先明确学校的发展目标和战略方向,然后与教师共同制定具体的目标与关键成果管理法目标。这些目标应该具有可衡量性、可达成性和挑战性,能够激发教师的工作热情和创造力。同时,高职院校还需要建立完善的目标与关键成果管理法评估机制,定期对教师的目标与关键成果管理法完成情况进行考核和反馈,及时发现和解决存在的问题,以确保目标与关键成果管理法的有效实施。

通过应用目标与关键成果管理法,高职院校可以更好地激发教师的工作动力和创新精神,促进教师的专业发展和团队合作,提升学校的整体教学水平和核心竞争力。同时,目标与关键成果管理法也可以为学校提供更加全面、客观和科学的教师绩效评估依据,为学校的管理决策提供更加有力的支持。

当然,目标与关键成果管理法在高职院校中的应用还面临着一些挑战和问题,如如何制定合理、科学的目标与关键成果管理法目标,如何确保评估的公正性和客观性,如何激发教师的参与积极性等。因此,高职院校需要在实践中不断探索和完善目标与关键成果管理法的应用方式和方法,以更好地推动学校的发展和提升教师的专业素养。

第五节 关键绩效指标法

一、关键绩效指标法的定义

关键绩效指标法是一种用于评估和管理组织或个人绩效的系统性方法。它通过将组织目标分解为具体的、可量化的指标,为评估者提供了一个明确、客观的评估标准,帮助管理者有效地监控和评估员工的工作表现。关键绩效指标法强调对组织目标有重大影响的关键因素的衡量,确保员工的工作与组织的整体战略保持一致。

关键绩效指标法的应用范围广泛,包括企业、部门、团队乃至个人等各个层面。在企业层面,关键绩效指标法可以帮助企业明确战略目标,制定相应的绩效评估体系,确保员工的工作与企业的整体战略保持一致。在部门和团队层面,关键绩效指标法可以帮助部门和团队明确工作职责和目标,促进内部协作和沟通。在个人层面,关键绩效指标法可以帮助员工明确自己的工作目标和职责,提高工作积极性和效率。

在实施关键绩效指标法时,需要注意以下几点。

首先,关键绩效指标应该与组织的战略目标紧密相连,并确保员工的工作与组织的目标保持一致。

其次,关键绩效指标应该具有可衡量性,可以通过具体的数据进行量化和评估。同时,关键绩效指标应该具有挑战性,能够激发员工的工作动力和创新能力。

最后,关键绩效指标应该具有可实现性,不能过于理想化或难以实现,以免打击员工的积极性和信心。

二、关键绩效指标法在高职院校教师绩效评价中的作用

在高校教师绩效管理中,关键绩效指标法以其独特的优势,成为提升教师绩效、促进学校发展的重要手段。下面将从多个方面探讨关键绩效指标法在高校教师绩效管理中的应用及其优势。

(一)实现教师绩效管理的可持续发展

关键绩效指标法将教师的短期目标与长期目标有效结合,克服了传统财务评价方法的短期化缺点。通过设定具有代表性的关键绩效指标,高校能够引导教师关注学校的长远发展,确保教师绩效与学校战略目标的一致性。这种管理方法不仅有助于提升教师的工作积极性,还能够为学校创造更加稳定、可持续的发展环境。

(二)促进高校和教师个人的学习与发展

关键绩效指标法强调团队学习和个人学习的重要性。对于高校管理者而言,通过团队学习,可以不断提升学校的整体综合素质,提高管理水平。对于教师而言,个人学习则能够使他们不断进步,增强科学理论知识,提高个人素质。这种双向的学习过程有助于形成积极向上的校园文化,推动学校和教师的共同发展。

(三)增强高职院校的凝聚力与团队协作

关键绩效指标法非常重视沟通这一因素。通过有效的沟通,可以加强高校各主体之间的团结协作,培养团队精神。在这种氛围下,教师之间可以相互学习、取长补短,形成强大的团队合力。这种团队协作的精神有助于增强高职院校的凝聚力,为学校的发展提供有力保障。

(四)加强高职院校无形资产和智力资产的有效管理

在教师绩效评价指标设计时,关键绩效指标法将个人的努力方向与高校整体战略目标紧密结合。这种设计方法有助于激发教师和学校的共同目标意识,促使双方共同努力完成任务。通过这种方法,高职院校可以更加有效地管理其无形资产和智力资产,提升学校的整体竞争力。

(五)降低教师绩效评价的信息负担

关键绩效指标法使高校管理者能够关注到非常重要的绩效评价指标,从而避免由于评价指标信息量过大而带来的不必要评价成本。这种方法不仅降低了教师绩效评价的信息负担,还提高了评价工作的效率。同时,通过关注关键绩效指标,管理者可以更加准确地了解教师的工作表现,为后续的激励和改进措施提供有力支持。

综上所述,关键绩效指标法在高校教师绩效管理中的应用具有显著优势。它不仅有助于实现教师绩效管理的可持续发展、促进高校和教师个人的学习与发展、增强高职院校的凝聚力与团队协作,还能加强高职院校无形资产和智力资产的管理,降低教师绩效评价的信息负担。因此,高校应积极推广和应用关键绩效指标法,以提高教师绩效管理水平,推动学校的持续发展。

三、运用关键绩效指标法开展高职院校教师绩效评价的主要步骤

随着教育改革的不断深入,高职院校作为培养高素质技术技能人才的重要基地,其教师绩效评价体系的完善与否直接关系到教育质量和人才培养的效果。因此,如何科学、合理地评价教师的工作绩效,成为高职院校管理面临的重要课题。下面旨在探讨高职院校如何在实际工作中运用关键绩效指标法对教师绩效进行评价,以期建立一套科学、合理的评价方案,提高教师工作积极性和教育质量。

(一)明确高职院校的功能定位

在运用关键绩效指标法评价高职院校教师绩效之前,我们必须深入细致地分析高职院校所处的外部环境条件和内部的资源与能力情况。这一步骤至关重要,因为它为我们确定高职院校的使命、宗旨、愿景和战略目标体系提供了基础。这些元素共同构成了高职院校运用KPI评价教师绩效的框架。高职院校的使命和宗旨是其存在的根本,它决定了高职院校必须立足于人才培养、科学研究和社会服务这三大基本功能。这三大功能不仅是高职院校的核心任务,也是评价教师绩效的重要依据。因此,明确功能定位是高职院校运用关键绩效指标法评价教师绩效的第一步,也是至关重要的一步。

然而,不同的高职院校由于其所处的外部环境条件、各自的资源与能力情况等不同,其具体功能定位也会有所差别。例如,一些高职院校可能更加注重科学研究,而另一些高职院校则可能更加注重人才培养或社会服务。因此,各高职院校在运用关键绩效指标法评价其教师绩效时,不能"一刀切",而是要根据其外部环境条件和内部的学科、专业、师资建设等资源与能力情况来确定其功能定位。具体来说,高职院校在确定其功能定位时,需要充分考虑以下几个方面:一是外部环境条件,包括市场需求、政策导向、行业发展等因素;二是内部的学科、专业、师资建设等资源与能力情况,包括学校的学科优势、师资力量、科研实力等因素。通过对这些因素的综合分析,高职院校可以确定其在人才培养、科学研究和社会服务等方面的具体功能定位,从而为运用关键绩效指标法评价教师绩效提供有力的支撑。

总之,高职院校在运用关键绩效指标法评价教师绩效前,必须深入细致地分析其外部环境条件和内部的资源与能力情况,明确其功能定位。这是高职院校运用关键绩效指标法评价教师绩效的基础,也是提高其教学质量和办学水平的重要保障。同时,高职院校还需要不断完善其关键绩效指标法评价体系,以适应外部环境的变化和内部资源与能力的发展,从而更好地实现其使命和宗旨。

(二)制定高职院校教师绩效评价方案

1.确定教师工作目标及任务

高职院校的战略目标多种多样,有的以教学为主、科研为辅,有的则相反,更专注于科研。这种差异不仅体现了高职院校的办学特色和发展方向,也对教师的工作任务和绩效评价提出了不同的要求。因此,在制定高职院校教师绩效评价方案时,必须充分考虑学校的愿景、战略目标体系和部门特点,以确保评价方案的科学性和有效性。

首先,要明确不同高职院校的战略目标和部门特点。高职院校的战略目标决定了学校的发展方向和重点任务,而部门特点则反映了不同部门的工作性质和要求。在制定教师绩效评价方案时,应深入分析学校的战略目标和部门特点,明确各部门的工作任务和主要内容,进而根据部门情况和教师特点来进一步分解并明确教师的工作任务。这样绩效评价方案才能与学校的发展战略和部门特点相契合,真正发挥激励和引导教师的作用。

其次,要设计科学合理的教师关键绩效评价指标及权重体系。关键绩效指标法是一种以目标为导向的绩效评价方法,通过选取关键绩效指标来衡量教师的绩效表现。在设计教师绩效评价指标时,应结合平衡计分卡的思想,从学生、岗位职责、内部流程、学习与成长四个方面构建一级指标,并根据具体情况进一步细化二级指标。同时,要根据不同教师的特点和任务要求,选择适合的关键绩效指标和相应的权重体系。这样绩效评价方案才能全面、客观地反映教师的绩效表现,为教师的激励和发展提供有力支持。

在实际操作中,高职院校教师绩效评价方案的制定还需注意以下几点:一是要充分发挥教师的主体作用,鼓励教师积极参与绩效评价方案的制定和实施过程;二是要注重绩效反馈和改进,及时反馈评价结果,引导教师明确改进方向和目标;三是要强化绩效评价结果的运用,将绩效评价结果与教师的晋升、奖励、培训等方面挂钩,激发教师的积极性和创造力。

高职院校教师绩效评价方案的制定是一项复杂而重要的任务。通过关键绩效指标法的应用，可以更加科学、合理地评价教师的绩效表现，为教师的激励和发展提供有力支持。同时，也需要充分发挥教师的主体作用，注重绩效反馈和改进，强化绩效评价结果的运用，以确保评价方案的有效实施和教师的全面发展。

表4-1所示的是某高职院校教师关键绩效指标情况。其中，学生维度是评价教师工作的重要方面。在这一维度中，学生满意度和用人单位满意度是两个核心指标。学生满意度反映了教师在教学过程中的表现，包括教学内容、教学方法、教学态度等方面。用人单位满意度则体现了教师在培养学生实践能力和职业素养方面的成效。通过这两个指标，我们可以了解教师在满足学生和社会需求方面的表现。岗位职责维度也是评价教师绩效的重要方面。在这一维度中，我们应从教学工作、科研工作、社会服务工作三个方面进行评价。教学工作是教师的基本职责，包括课程准备、课堂教学、作业批改等。科研工作则体现了教师的学术水平和创新能力，包括发表论文、参与课题研究等。社会服务工作则反映了教师对社会的贡献和影响力，如参与企业技术咨询、社会服务项目等。这些方面的评价有助于全面了解教师在履行岗位职责方面的表现。此外，内部流程维度也是评价教师绩效不可忽视的方面。在这一维度中，我们可以从工作能力、工作方法、沟通合作三个方面进行评价。工作能力反映了教师的专业素养和技能水平，包括专业知识、教学技能等。工作方法则体现了教师的工作效率和创新能力，如采用先进的教学手段、优化工作流程等。沟通合作则反映了教师的团队协作能力和沟通能力，包括与同事、学生、社会各方面的合作与交流。学习与成长维度也是评价教师绩效的重要方面。在这一维度中，我们可以从学术道德和师德师风两个方面进行评价。学术道德体现了教师在学术研究中的诚信和规范性，如遵守学术规范、杜绝学术不端行为等。师德师风则反映了教师的职业道德和教育精神，如关爱学生、为人师表、严谨治学等。这些方面的评价有助于了解教师在个人成长和职业发展方面的潜力和动力。

高职院校教师的关键绩效指标应从学生维度、岗位职责维度、内部流程维度和学习与成长维度进行全面评价。这样的评价方式不仅能够全面了解教师的工作表现，还能为教师的职业发展和学校的教学管理提供有力支持。同时，这种评价方式也有助于激发教师的积极性和创造力，推动高职院校教学质量的不断提升。

表 4-1 某高职院校教师关键绩效指标表

一级指标	二级指标	具体内容
学生10%	学生满意度7%	学生对教师授课和指导等的满意程度
	用人单位满意度3%	用人单位对高校毕业生的满意程度
岗位职责55%	教学工作30%	课堂教学,研究生培养、带队实习及毕业指导,教改论文和课题、教材出版等情况
	科研工作20%	科研项目、科研获奖、科研论文、学术著作、专利等情况
	社会服务工作5%	校外学会或学术团体的兼职、各级学术方面的评委、专家及为社会提供的培训、咨询等校外服务情况
内部流程20%	工作能力10%	在教学、科研和服务社会等过程中所表现出能力的有效性
	工作方法7%	在教学、科研和服务社会过程中所使用方法的有效性
	沟通合作3%	在教学、科研和服务社会过程中所展现的团队协作和沟通能力
学习与成长15%	学术道德6%	教改和科研过程中所表现出来的职业道德
	师德师风9%	积极主动、教书育人、无私奉献等情况

2.关键绩效标准的确立和评价指标的审核

关键绩效评价标准的确立是对教师绩效水平进行量化评价的关键步骤。这一标准的制定不仅为评价教师的关键绩效提供了依据,同时也为教师指明了工作努力的方向。对于高职院校而言,制定一个合理、可行的绩效评价标准具有积极的作用。这一标准既不能过于严苛,使教师感到压力重重,也不能过于宽松,导致评价失去意义。

在高职院校教师关键绩效指标的审核工作中,需要遵循一系列原则,以确保评价标准的科学性和公正性。首先,指标必须具体、可衡量。这意味着每一个绩效指标都应该有明确的定义和量化标准,以便能够客观地评价教师的绩效水平。其次,指标应具有可及性和可观察性,这意味着这些指标应该是教师经过努力能够达到的,并且能够通过观察或测量来验证教师的完成情况。除此之外,绩效指标还应具备可操作性,即评价过程应该简便易行,避免过于繁琐或复杂。同时,指标应该有明确的时间期限,以确保评价的及时性和有效性。最后,绩效指标应具有一定的挑战性,以激发教师的工作积极性和创造力。

在审核这些关键绩效指标时,我们还需要关注它们是否能够体现教师大部分工作任务的完成程度。高职院校教师的工作内容繁多且复杂,包括教学、科研、社会服务等多个方面。因此,绩效指标应该能够全面反映教师在这些方面的工作表现,确保评价的全面性和公正性。通过制定合理的关键绩效评价标准,高职院校可以更好地评估教师的工作表现,激励教师不断提升自己的专业能力和综合素质。同时,这一标准也有助于学校优化教师队伍结构,提高整体教学质量和科研水平,从而推动高职院校的可持续发展。

(三)加强教师绩效评价前的培训工作

关键绩效指标法作为一种先进的教师绩效评价方法,不仅关注教师的短期表现,更着眼于其长期发展和整体绩效。这种方法强调对教师的全面、客观、公正评价,旨在激发教师的工作热情,提高教学质量,促进学校整体发展。在实施关键绩效指标法评价教师工作绩效之前,对相关管理者和教师进行专业培训是至关重要的。这些培训内容包括评价目的、评价指标的含义、绩效评价工作中可能遇到的心理障碍及其克服办法等。通过培训,高职院校管理者和教师能够深入理解关键绩效指标法的核心理念和操作方法,为后续的绩效评价工作奠定坚实基础。

在培训过程中,管理者需要着重强调评价的公正性、客观性和全面性。他们应该学会如何运用关键绩效指标法,从多个维度和层面对教师的工作绩效进行综合评价。同时,他们还需要关注教师在评价过程中的心理变化,及时发现并解决可能出现的心理障碍,确保评价工作的顺利进行。

对于教师而言,他们需要积极配合评价工作,主动改进自己的教学方法和策略,以提高自己的绩效水平。在评价过程中,教师应该保持开放的心态,勇于面对自己的不足,虚心接受他人的意见和建议。同时,他们还需要学会如何与管理者进行有效沟通,共同解决评价过程中出现的问题。

总之,关键绩效指标法作为一种先进的教师绩效评价方法,对于提升高职院校教师绩效评价工作的有效性具有重要意义。通过专业培训、公正评价、积极沟通和持续改进等措施的实施,我们可以充分发挥关键绩效指标法的优势,推动教师绩效评价工作的科学化、规范化和专业化发展。

(四)实施绩效评价工作

在高职院校的教育管理工作中,教师的绩效评价是一个核心环节,它直接关系到教师的工作积极性、教学质量以及学校的整体发展。因此,当教师绩效方案确定后,如何科学、公正、公平地实施评价工作就显得尤为重要。

(1)实施教师绩效评价工作必须严格遵循预先设定的评价指标与标准。这些指标和标准不仅是对教师工作质量的量化衡量,更是对教师职责的明确和引导。管理人员和教师必须以高度负责的态度认真对待评价工作,确保评价的客观性、公正性和公平性。这不仅是对教师个人工作成果的尊重,也是对整个教育事业的尊重。

(2)为了保障评价过程的透明度和教师的知情权,评价者与被评价者在评价工作中必须做好充分的沟通。评价者和被评价者之间应建立有效的沟通渠道,及时交流评价信息,解释评价标准,澄清评价过程中可能出现的误解和疑虑。这样的沟通不仅能够提高评价的准确性,还能够增强教师对评价工作的理解和支持。

(3)为了进一步提升教师评价结果的真实性和说服力,必须建立评价结果的申诉和监督机制。当教师对评价结果有异议时,可以通过申诉渠道提出申诉,由独立的第三方进行调解和仲裁。同时,监督机制的建立也能够有效防止评价过程中的不公正行为,保障评价的公正性和公信力。

(4)高质量的教师绩效评价结果能够为后续的反馈工作提供有力的支持。通过对评价结果的深入分析,学校可以了解每位教师的优点和不足,为教师的个人发展提供有针对性的指导和帮助。同时,评价结果还能够为学校的教育教学管理提供决策依据,促进学校的整体发展。

高职院校教师绩效方案的有效实施及其机制的完善,不仅关系到教师个人的成长和发展,更关系到学校的教育质量和整体竞争力。因此,我们必须高度重视教师绩效评价工作,确保其科学性、公正性和公平性,为高职院校的可持续发展奠定坚实的基础。

（五）反馈绩效评价结果

在过去的高等职业教育领域，教师的绩效评价一直是备受关注的焦点。然而，仔细审视这一过程，不难发现其中存在一些问题。传统的教师绩效评价模式在应用上存在不合理之处，同时反馈机制也存在较大的缺陷，不够成熟。这种情况使评价工作的效果远未达到预期，教师的积极性和提升动力也未得到充分激发。为了改进这一现状，我们必须深入思考和重新设计高职院校的教师绩效评价机制。

首先，要明确教师的绩效评价并不仅是一个简单的打分过程，而是对教师工作的全面、客观、公正的评价。这种评价应该基于一系列关键绩效指标，如教学质量、科研能力、学生满意度等。这些指标能够全面反映教师的工作表现，为教师的个人发展提供明确的方向。

其次，评价结果的反馈环节至关重要。在传统的评价模式中，往往只是简单地将评价结果告知教师，而缺乏深入的分析和具体的指导。这种"一刀切"的做法显然不能满足教师的个性化发展需求。因此，我们应该在反馈环节中引入更多的细节分析，如指出教师在哪些方面表现出色，哪些方面需要改进，以及具体的改进建议等。

再次，为了确保评价结果的客观性和公正性，应建立一套完善的评价标准和流程。这些标准和流程应该公开透明，让每一位教师都能明确知道自己需要达到什么标准，以及如何评价自己的表现。同时，我们还应鼓励教师参与到评价标准的制定过程中，这样不仅能增强教师的归属感，还能使评价标准更加贴近实际。

最后，我们要认识到，教师绩效评价的最终目的是促进教师的个人发展和提升教学质量。因此，我们应该将评价结果与教师的职业发展紧密结合，为教师提供有针对性的培训和发展机会。这样教师不仅能从评价中看到自己的不足和进步，还能在评价过程中得到成长和提升。

第五章

"双高计划"背景下高职院校教师教学创新团队建设研究

随着"双高计划"的深入推进,高职院校面临着前所未有的发展机遇与挑战。作为高职教育的核心力量,教师队伍的建设尤为重要。在此背景下,教学创新团队的建设成为高职院校提升教育质量、实现内涵式发展的关键一环。因此,高职院校应充分认识到教学创新团队建设的必要性和紧迫性,采取有效策略推动团队建设的发展,为提升教育质量和实现内涵式发展奠定坚实基础。

第一节 高职院校教师队伍建设的现状与问题

一、高职院校教师队伍结构现状

随着国家对高职教育的重视程度不断提升,高职院校教师队伍的建设也日渐成为教育界关注的焦点。高职院校教师队伍的结构现状直接关系到人才培养的质量和社会经济的发展。下面将从教师数量、学历结构、职称结构、年龄结构等多个方面,对高职院校教师队伍的现状进行深入剖析,以期为高职院校教师队伍的优化提供有益的参考。

（一）教师数量

近年来，随着国家对高职教育的投入不断增加，高职院校的办学规模也在不断扩大，从而吸引了更多的教师加入，高职院校教师数量呈现出稳步增长的趋势。然而，与普通高校相比，高职院校的教师数量相对较少，这在一定程度上制约了高职教育的发展。

（二）学历结构

高职院校教师的学历结构整体呈现出较高的水平。大部分教师都具备硕士及以上学历，其中不乏博士、博士后等高层次人才。这种高学历结构为高职院校的教学和科研提供了有力的人才保障。然而，也有部分高职院校存在学历结构不合理的问题，如本科学历教师比例过高，这在一定程度上影响了高职院校的教学质量和科研水平。

（三）职称结构

高职院校教师的职称结构相对较为合理。教授、副教授等高级职称教师占比较高，这有助于提升高职院校的学术水平和教学质量。同时，中级职称和初级职称教师的比例也适中，为高职院校的可持续发展提供了有力的人才支撑。然而，仍有部分高职院校存在职称结构失衡的问题，如高级职称教师比例过高或过低，这不利于高职院校教师队伍的优化和整体发展。

（四）年龄结构

高职院校教师的年龄结构呈现出年轻化的趋势。越来越多的青年教师加入高职院校教师队伍，为高职院校注入了新的活力和创新力。然而，青年教师在教学经验、科研能力等方面相对不足，需要进一步加强培训和引导。同时，高职院校也需要关注老龄化问题，确保教师队伍的年龄结构保持合理，避免出现人才断层的现象。

(五)专业结构

高职院校教师的专业结构直接关系到人才培养的质量和效果。目前,高职院校教师队伍的专业结构较为齐全,涵盖了工程技术、经济管理、文化艺术等多个领域。这种多样化的专业结构为高职院校提供了丰富的教学资源和科研支持。然而,也有部分高职院校存在专业结构不合理的问题,如某些热门专业教师过多,而某些冷门专业教师匮乏,这在一定程度上影响了人才培养的多样性和全面性。

综上所述,高职院校教师队伍结构现状在整体上呈现出较好的发展趋势,但也存在一些问题和不足。针对这些问题,高职院校需要进一步加强教师队伍建设和优化,提高教师的数量和质量,优化教师的学历、职称、年龄和专业结构,为高职教育的可持续发展提供有力的人才保障。

二、高职院校教师队伍建设的具体问题

高职院校作为培养高素质技术技能人才的重要基地,其教师队伍建设问题一直备受关注。然而,当前高职院校教师队伍建设存在的一些问题,不仅影响了教师的职业发展和教学质量,也制约了高职院校的可持续发展。其体现在以下几个方面。

(一)高职院校教师队伍的结构不够合理

高职院校作为培养高素质技术技能人才的重要基地,其教师队伍的素质与结构直接关系到人才培养的质量和科研创新的实力。然而,目前高职院校教师队伍的结构却存在着一些问题,亟待我们深入探讨和解决。

青年教师比例过高是当前高职院校教师队伍面临的一个显著问题。青年教师通常具有较为活跃的思维、较强的创新能力和较高的教学热情,为高职院校的教学和科研注入了新的活力。然而,青年教师往往缺乏丰富的教学经验和深厚的学术积淀,这在一定程度上影响了教学质量和科研水平。因此,高职院校应加强对青年教师的培训和指导,帮助他们快速成长,提高教学质量和科研水平。

高水平教师比例偏低是高职院校教师队伍结构不合理的另一个重要

表现。高水平教师通常具有较高的学术造诣、丰富的教学经验和广泛的学术影响力,能够为学生提供优质的教学资源和科研指导。然而,由于高水平教师的缺乏,一些课程难以找到合适的教师担任,导致教学质量参差不齐。同时,高职院校的科研实力也受到限制,难以在国内外学术界产生较大影响。为了解决这一问题,高职院校应加大引进高水平教师的力度,提高教师队伍的整体素质。

(二)高职院校教师的职业发展通道不畅

高职院校作为培养技术技能人才的重要基地,其教师的职业发展状况直接关系到教育质量和人才培养的效果。然而,当前高职院校教师却面临着职业发展通道不畅的问题,这在一定程度上制约了教师的专业成长和教育教学水平的提高。

首先,高职院校的职称评审标准与普通高校存在差异,导致一些高职院校教师在职称晋升方面遭遇困难。普通高校往往更注重教师的科研成果和学术影响力,而高职院校则更加注重教师的实践能力和技术应用水平。这种差异使得一些在技术应用和实践教学方面表现出色的高职院校教师在职称评审中难以获得认可,从而影响了他们的工作积极性和工作动力。

其次,高职院校教师的培训和学习机会相对较少,缺乏与行业企业的交流和合作。随着技术的不断发展和产业升级,高职院校教师需要不断更新自身的知识和技能,以适应新的教学需求。然而,目前高职院校教师的培训和学习资源相对有限,缺乏与行业企业的紧密合作,导致他们难以接触到最新的技术信息和行业动态。这种信息不对称的状况不仅限制了教师的专业发展,也影响了高职院校的教学质量和社会声誉。

(三)高职院校教师的激励机制不完善

高职院校作为培养高素质技术技能人才的重要基地,其教师的激励机制对于提升教学质量、推动科研创新以及激发教师工作热情具有至关重要的作用。然而,当前高职院校教师的激励机制普遍存在着不完善的问题,这在一定程度上制约了教师的个人发展和教育教学质量的提升。

目前,高职院校教师的薪酬水平普遍偏低,这在一定程度上削弱了教师的工作积极性和创新精神。薪酬是激励教师工作动力的重要因素之一，过低的薪酬水平难以激发教师的工作热情，也难以吸引和留住优秀人才。此外，高职院校的薪酬结构相对单一，缺乏灵活性和多样性，无法满足不同教师的个性化需求。

除了薪酬水平偏低外，高职院校的激励机制还缺乏有效的奖励和惩罚措施。目前，许多高职院校的奖励机制主要基于教学和科研成果，但由于缺乏科学的绩效评估体系，导致奖励的公平性和透明度受到质疑。同时，对于教学和科研表现不佳的教师，缺乏有效的惩罚措施，难以形成有效的约束和激励机制。

高职院校教师激励机制的不完善，不仅影响了教师的工作积极性和创新精神，还面临着一些挑战。首先，高职院校的经费来源相对有限，难以提供与普通高校相媲美的薪酬和福利待遇。这在一定程度上限制了高职院校在吸引和留住优秀人才方面的竞争力。其次，高职院校教师的职业发展路径相对单一，晋升渠道有限。这导致一些教师在职业发展过程中感到迷茫和困惑，缺乏明确的职业规划和目标。同时，高职院校的职称评审体系也存在一些问题，如评审标准不够明确、评审过程不够公正等，这些问题在一定程度上影响了教师的职业发展和工作积极性。

第二节 "双高计划"背景下高职院校教师教学创新团队建设的路径与举措

随着我国教育改革的不断深入，"双高计划"的提出为我国高职院校的发展注入了新的活力。作为高职院校教学工作的核心力量，教师教学创新团队的建设显得尤为重要。本节将从"双高计划"背景出发，探讨高职院校教师教学创新团队建设的路径与举措。

一、高职院校教师教学创新团队的建设内容

在深入研究高职院校教师教学创新团队建设的现状与问题后，我们

不可避免地要思考如何具体地构建这些团队。建设内容的选择与布局至关重要，它决定了团队的发展方向和效果。这些建设内容分散在多个维度之中，这些维度共同构成了团队建设的核心框架。接下来从四个主要维度来详细探讨高职院校教师教学创新团队的建设内容。

（一）高职院校教师教学创新团队建设的知识维度

在现代教育中，知识素养已经成为教师不可或缺的专业素养之一。教师的知识素养不仅决定了他们能否有效地解决专业问题，还直接关系到他们的教学创新能力。因此，完善和提升教师的知识结构成为教师专业发展、教师队伍建设以及高职院校教师教学创新团队建设的重要议题。

1. 实践性知识及其建构

我国学者陈向明将实践性知识看作教师真正信奉的，并在其教育教学实践中实际使用和（或）表现出来的对教育教学的认识。[1] 她认为，实践性知识是教师知识中不可或缺的一部分，其来源于实践且作用于实践，是高职教育教师在长期的、持续的专业实践活动和教学实践过程中形成的一种特殊的知识形态。实践性知识是教师个体知识的一部分，并通过教学思维和教学方式等形式呈现出来。

实践性知识包含了思维与技能的成分，主要是通过日常教育教学实践过程中对相关知识的理解、领会和个性化加工，以便于在某种教学情境中能够做出正确反应的这样一种特殊知识形态。对于高职院校教师来说，实践性知识是知识结构中最重要，也是最为信赖的部分。实践性知识不仅包含了在教育层面上的教师教育信念、自我认知、人际知识、情境知识、策略性知识和批判反思性知识，而且还包含了在专业层面上分析和解决特定情景中问题的关键能力。

在实践性知识的形成过程中，教师是反思型的行动者，他们的实践性知识主要通过真实的教育教学情境中的持续建构而来。然而，不同教师在实践性知识的建构上的程度和结果是不一样的。实际教学过程中往往会出现很多拥有丰富专业学科知识却带不出优秀学生的例子，优秀教师

---

[1] 陈向明.教师实践性知识再审视——对若干疑问的回应[J].北京大学教育评论，2018,16（4）：19-33+184.

在教育教学过程中表现出来的特殊手段和思维是怎样习得的？教学创新团队中教师的创新可以从哪些方面有较为直观的呈现？这几个问题的答案主要在于教师的实践性知识。

研究表明，优秀教师或专家型教师和新手型教师的职业知识结构无论在数量上还是质量上都有显著的差别，尤其是反思性的实践知识。优秀教师或专家型教师拥有丰富的实践经验，这些实践知识和经验便是教师在经过长期的教学实践和教学反思后获得的，并且在其职业生涯中还会不断创新和发展。[1]因此，高职院校教师教学创新团队在工作实践中应当注重教师实践性知识的建构，为新老教师实践性知识的交流学习创造充分的条件，推动教学创新团队中新老教师实践性知识的共同建构。这对于提高教师的教学效果、培养优秀教师、推动教学创新具有重要的意义。

2. 通识性知识及其积累

通识性知识，作为教师教育中的一种基本知识，其对教师教育教学工作的影响，已经得到了广泛的共识。有学者认为，通识性知识可以有效调动和联系各种知识类型，起到一个黏合剂的作用。这一比喻间接地说明了教师的通识性知识的重要性。

通识性知识，是指教师在通识教育模式下所需掌握的一种广泛的、非专业性的、非功利性的基本知识、技能和态度。它主要包括自然科学、人文社会科学、艺术欣赏与表现知识，以及适应教育现代化的信息技术知识等。这些知识虽然广泛，但并不要求教师对其有深入的理解和掌握，其目的是帮助教师更好地开展教育教学工作。

通识性知识的重要性，不仅体现在其对教师教育教学工作的影响上，还体现在其对教师个人成长的影响上。通识性知识的学习可以帮助教师拓宽视野，提高思维深度和广度，提升教师的认知水平。同时，通识性知识的学习可以帮助教师更好地理解和尊重不同文化、不同专业的知识，提高教师的文化素养。

在高职教育中，通识性知识的作用尤为重要。由于高职教育具有综合性、应用性和实践性等特征，因此要求高职院校教师不仅要拥有专业的学科知识、基本的实践性知识，而且还要掌握丰富的通识性知识。通过多

---

[1] 陈向明.搭建实践与理论之桥:教师实践性知识研究[M].北京:教育科学出版社,2011:121.

种类知识的有效融合,可以促进高职教师知识结构的专业化成长,提高教育教学水平,培养出全面发展的高素质创新人才。

然而,通识性知识的学习并非易事。首先,教师需要有宽广的知识面和全面的文化素养,这需要教师有持续地学习和自我提升的意识。其次,教师需要有较高的信息技术素养,以适应教育现代化的要求。最后,教师需要有足够的耐心和毅力,因为通识性知识的学习是一个长期的过程,需要教师持之以恒。

3.条件性知识及其获取

条件性知识这一概念最早由帕尔斯·安德森提出,其所关注的是个人在何时、何地以及为何能更好地运用陈述性和程序性知识。在教师的知识结构中,条件性知识也被称为教育学科类知识,扮演着至关重要的角色,有助于教师全面理解教育对象、研究对象和服务对象,从而更有效地实施教育教学、科学研究和服务教学活动。

我国学者在研究教师知识结构时,从理论层面将条件性知识概括为教师所具备的教育学和心理学知识。教育学知识涵盖了教育科学的基本原理,国内外教育教学改革的最新动态和趋势;心理学知识则包括普通心理学的认知、情感、意志等方面,以及教学中所涉及的认识心理学、课程教学心理学等。[①]这些知识共同构成了教师条件性知识的基础,也是教师区别于非教师的关键特征。

《中等职业学校教师专业标准(试行)》文件中对条件性知识进行了详细的说明,强调教师需要熟悉技术技能人才成长规律,掌握学生身心发展规律与特点,了解学生思想品德和职业道德形成的过程及其教育方法,以及学生不同教育阶段和学校到工作岗位过渡阶段的心理特点和学习特点。这些都是教师运用条件性知识进行教育教学活动的重要依据。[②]

随着现代高职教育的快速发展,我们已经从经验层面迈向了科学层面。这一转变的基础正是符合我国高职教育发展水平和特色的条件性知识。这些知识不仅是高职教育教师知识结构的重要组成部分,也是高职

---

① 辛涛,申继亮,林崇德.从教师的知识结构看师范教育的改革[J].高等师范教育研究,1999(6):12-17.
② 中等职业学校教师专业标准(试行)[EB/OL].https://wenku.baidu.com/view/6cfa2ce90540be1e650e52ea551810a6f424c8b7.html

教师的基本理论素养。只有掌握了这些条件性知识，教师才能更加顺畅地进行教育工作，减少失误，提高工作效率；才能有针对性地总结实践经验，反思和完善自己的教育行为与方法，形成个人的教育理念与风格；才能突破陈旧的教育理念和教育模式的束缚，在高职教育教学实践和理论上有所创新。

为了获取条件性知识，高职院校教师需要通过系统而规范的教育学科课程的研习来完成。在职前教育阶段，教师需要接受系统的教育学科课程的训练，如教育学基础、心理学基础、课程教学论、教育科研方法、教育测量与评价、德育与班主任工作等。入职后，教师还需要通过各种职后培训来更新条件性知识。

总之，条件性知识在现代高职教育中发挥着举足轻重的作用。它是教师知识结构的重要组成部分，也是教师区别于非教师的关键特征。通过系统的学习和实践，教师可以逐步掌握条件性知识，并运用它来提高教育教学的质量和效率，实现个人的专业成长和发展。同时，我们也需要认识到，条件性知识的获取和应用是一个持续不断的过程，需要教师不断地学习和实践，以适应不断变化的教育环境和学生需求。

4. 专业知识及其更新

教师作为专业领域的引路人，在高职教育领域中扮演着至关重要的角色。特别是在"计算机应用"这样的专业领域，教师不仅需要具备深厚的专业知识，还需要能够紧跟行业步伐，不断更新自身的知识和技能。这种专业知识的具备与更新，不仅影响着教师的教学质量，更直接关系到学生的职业发展和未来成就。

专业知识，作为职业特殊性和专业性的外在表现与核心构成，是每种职业所必须掌握的基础。对于高职教师而言，专业知识不仅包括传统的文化基础和学科专业知识，还涵盖职业技术的实践专业知识。实践类专业知识涵盖了相关行业的发展动态、企业生产与运行的各个环节，以及与职业资格有关的内容和标准。只有这样，教师才能结合实际，有针对性、实质性地开展教学，为学生提供实用的职业指导和建议。

在高职教育中，教师对专业知识的掌握、理解和转化，与其所教授的学科专业知识的掌握和应用密切相关。丰富的专业知识使教师能够准确判断课堂情境和学生学习状态，灵活处理教学内容，解决教学问题，实现因材施教,激发学生的创新思维。因此,高职教师自身对专业知识的掌握水平无疑是影响高职教育水平的关键因素之一。

教学创新是高职教师专业知识教学层面的重要追求。随着时代的进步和技术的革新,传统的教学方法已经无法满足现代职业教育的需求。因此,教师需要不断探索新的教学方法和手段,将最新的专业知识和技术融入教学中,以提高学生的实践能力和创新能力。这种教学创新有助于提升学生的学习兴趣和动力,为职业教育的内涵式发展注入新的活力。

当然,对于高职院校教师而言,专业知识的更新同样重要。随着科技的飞速发展和行业的快速变革,专业知识与技能很容易变得陈旧和落后。因此,教师需要及时更新自己的专业知识,跟上行业发展的步伐。这种更新可以通过教师自觉地学习和实践来实现,也可以通过组织的支持和引导来达成。只有具备了持续更新专业知识的能力,教师才能保持与时俱进,为学生提供最新、最实用的知识和技能。

专业知识不仅是教师开展教学的基础和前提,更是影响职业教育水平和质量的关键因素。因此,作为高职教师,应该不断提升自身的专业知识水平和实践能力,积极探索新的教学方法和手段,为培养高素质的职业人才贡献自己的力量。

5.缄默知识及其生成

在知识的大海中,缄默知识犹如巨大的水下冰山,虽然难以察觉,却蕴含着巨大的能量。英国科学家、哲学家波兰尼在其著作中首次提出了缄默知识的概念,缄默知识指的是那些不能精确、直接地被感觉到,但在实际行动中能够控制个人认知和行动的知识。在职业教育领域,教师的缄默知识是一种经验性的理解能力,通过与学生、同事、教育场域的交流与交互作用逐渐形成。[1]

陈向明教授进一步指出,缄默知识具有高度的个人化特性,无法被外显和形式化。[2] 这种知识包括个人在主观上的洞察力、直觉等,是教师在教育工作中所蕴含的隐性的教育情感、教育智慧、教学感染力,以及教师

---

[1] 中等职业学校教师专业标准(试行)[EB/OL].https://wenku.baidu.com/view/6cfa2ce90540be1e650e52ea551810a6f424c8b7.html
[2] 陈向明.搭建实践与理论之桥:教师实践性知识研究[M].北京:教育科学出版社,2011:121.

自身能够外在体现出来的教态、个人修养等。这些缄默知识在教师的教育教学中发挥着举足轻重的作用，有时甚至超过了显性的学科知识。

在职业教育情境中，缄默知识的存在对教学质量产生着直接影响。例如，教师在进行教学时对某个知识点所具有的认识，便是缄默知识的一种体现。同样，学生的学习过程和获取的能力也往往是默会的，他们在不知不觉中受到教师缄默知识的影响。因此，教师在教育教学工作中，不仅要注重显性知识的传授，更要重视缄默知识的传授，使其成为教学创新团队中教师知识建构和教育教学创新的重要支柱。

然而，关于教师的缄默知识到底从何而来，目前仍没有得到有效的解释与说明。尽管有人认为这种知识是不断生成的，且波兰尼意会认知的说法能够提供某种解释，但这个问题仍然充满复杂性。或许，教师的缄默知识是在长期的教育实践中逐渐积累形成的，是教师对教育教学问题的深入思考和不断探索的结果。

缄默知识的存在和运用对于教师的专业发展具有重要意义。首先，缄默知识可以丰富教学内容，使教学更加生动、有趣。其次，缄默知识可以创新教学方法，帮助教师更好地适应学生的需求和特点。最后，缄默知识还可以更新教学观念，改善教学评价，推动教育教学的不断进步。

因此，高职院校教师在创新教育教学过程和专业发展过程中，应注重自身的缄默知识体系的构建和提升。通过不断反思和实践，挖掘自己的隐性优势，提高缄默知识水平，从而更好地发挥缄默知识在教学创新中的重要作用。同时，学校和教育部门也应为教师提供必要的支持和帮助，促进教师缄默知识的形成和发展，为教育教学质量的提升注入新的活力。

（二）高职院校教师教学创新团队建设的能力维度

教师作为一个特殊的职业，对其职业能力的要求一直受到人们的关注。尤其是教师的教学能力及其发展，更是教育领域的研究热点。教师的能力结构与其所从事的教育类型有着密切的关系。其中，高职院校教师与普通高校教师的能力结构存在显著的差异。

教育教学能力是教师最基本的能力，它包括教学设计、教学实施、教学评价等。技术实践能力是指教师在教学过程中对各种教学技术的掌握和应用能力。科研学术能力是指教师在教学过程中的科研能力，包括教学研究、论文发表等。职业指导能力是指教师在教学过程中对学生进行职业指导的能力。创新发展能力是指教师在教学过程中的创新能力和发展的能力。

当然,教师的能力结构并非一成不变,它会随着教育环境的变化而变化。因此,教师的专业能力评价也需要不断更新和完善。

1. 教育教学能力

教育教学能力,这一术语在教育界中频繁出现,但对其具体定义却众说纷纭。尤其在心理学与组织行为学领域,对其归属存在争议。然而,一个普遍的观点是,教育教学能力被视为教师的一种特殊专业能力。对于高职教师而言,这种能力尤为重要,因为它是保障教学工作顺利实施的前提,也是教师师范属性的最突出表现。

高职教师的教育教学能力,从字面含义上来看,主要涉及课程组织与教学实践的能力。这意味着,教师应具备最基础的课程设计与实施能力,能够结合国家发展、产业技术的需求,制定或优化课程标准,并开发与整合课程内容。在这一过程中,教师应运用现代科技和教学手段,确保教学的有效性和吸引力。

除了基础的教学能力,高职教师还需特别关注"立德树人"的教育理念。这要求教师在教学实践中,将德育与专业知识教育相结合,坚持"以人为本""以学生为中心"的教学方针。教师应设计全过程的教学方案,从课前准备到课后评估,都需充分融入德育元素,帮助学生树立正确的人生观、世界观和价值观。

值得一提的是,新时代的职业教育特别强调"工匠精神"的培育。这意味着,职业教育不仅要提高学生的职业技能,更要培养他们的职业精神和职业素养。因此,高职教师自身也应具备高尚的道德价值观,通过言传身教,影响和引导学生树立正确的职业形象和职业道德。在培训和教学中,教师应积极传授职业标准和道德规范,帮助学生铸就"工匠精神",培养他们的责任感和使命感。

此外,为了增强学生的职业归属感,教师应充分利用教学的文化底蕴和创新功能,将学校文化与企业文化相结合。这样一来,学生从一开始就能明确自己的职业定位和发展方向,为未来的职业生涯打下坚实的基础。

教学实践证明,一位道德欠佳或教育教学能力不足的教师,其教学后果是严重的。他们不仅可能无法将知识有效传授给学生,更可能导致学生对学习产生抵触心理,甚至影响到学生的整个职业生涯。因此,在高职院校中,对教师的教育教学能力有着更高层次的要求。

2. 技术实践能力

职业教育的实践型、技能型人才培养目标,要求高职教师不仅要具备扎实的专业理论知识和丰富的教学经验,还必须拥有出色的实践操作技能。这种技术实践能力是教师在对学生进行实际操作教学时,能够灵活运用各种教学手段,有效指导学生的能力。这种"职业性"特征是高职教师区别于普通学校教师的核心要素,也是"双师型"师资队伍建设的重要标志。

高职教师的技术实践能力具体包含两个方面:一是职业能力,即教师自身在专业领域中所具备的实际操作能力和技术水平;二是指导实践教学能力,即教师能够运用科学的教学方法和手段,有效地组织和引导学生进行实践操作训练的能力。这两种能力相互关联、相互促进,共同构成了高职教师技术实践能力的核心。

在职业教育教学中,为了培养出优秀的专业技术技能人才,教师不仅需要掌握丰富的专业理论知识,还必须具备相应的专业技术资格证书,这体现了高职教师专业实践能力的重要性。同时,鉴于职业教育的重点是培养学生的实践能力,教师需要了解学生在不同的职业和专业要求下所需具备的实践能力和技术水平,以便更好地指导学生进行实践操作训练。

为了提升高职教师的技术实践能力,高职院校应该立足于教师的专业发展,完善教师企业培训制度。通过国家和有关部门的政策扶植和保障,鼓励教师到企业或生产服务一线实践,积累实际工作经验,提升职业技能。同时,公共基础课教师也应定期到企业进行考察、调研和学习,以更好地了解行业发展趋势和市场需求,为教学提供更为贴近实际的案例和素材。

此外,高职院校还可以通过开展校企合作、产学研结合等方式,促进教师与企业的交流与合作,提高教师的实践能力和教学水平。同时,还可以建立教师实践成果评价和激励机制,鼓励教师在实践中不断创新和进步,为培养高水平的高职教师队伍提供有力保障。

3.科研学术能力

职业教育作为培养专业技能人才的重要途径,其教学质量直接关系到人才培养的质量。因此,不断提高教学质量,是职业教育发展的核心任务。要实现这一目标,现代高职院校教师不能仅仅满足于做一个传统的"教书匠",他们必须具备一定的科研学术能力。这种能力的提升不仅有助于丰富职业教育的教学理论,提升教师的专业素质,还能够为生产技术的升级做出重要贡献。

首先,科研学术能力的提高可以丰富职业教育的教学理论。教师通过深入研究教学理论,探索教学方法和策略,不断完善教学内容,使教学更加贴近实际,更加符合学生的学习需求。同时,教师还可以将自己的研究成果引入教学,通过案例分析、实证研究等方式,使学生更好地理解和掌握专业知识。

其次,具备较强的科研学术能力的教师可以为生产技术升级作出贡献。职业教育的目标是培养具备专业技能的人才,这些人才将直接参与到生产实践中。因此,教师的科研学术能力应该与生产实践紧密结合,解决生产中的实际问题,推动生产技术的进步和发展。

在培养教师的科研学术能力方面,嵌入式学习、专业发展和专业素质的培养具有重要意义。职业学校教师的科研工作应以应用研究为主,将科研工作和实践教学操作紧密结合起来。这样不仅可以提高教师的科研能力,还可以使科研成果更好地转化为实际应用,服务于生产实践。

教师的科研学术能力包括企业技术开发能力、通过科研来提高教学水平的能力、撰写学术论文、进行学术交流的能力等。这些能力主要体现在对行业领域的关键技术及应用展开研究分析的能力,以及将研究成果引入到教学和实践中。例如,在大学生创新创业竞赛中,教师可以将相关的研究项目或任务纳入竞赛,以进一步培育学生的专业知识技能。同时,教师还可以通过与产业、企业的技术服务需求对接,运用自己的研究特长,为企业提供技术支撑,并将其成果转化为实际应用。

在教育教学工作中,每位教师都应该清楚地认识到,科研学术活动是促进教师职业发展的重要一环。教育教学与科研学术是相互补充、共同进步的。教师应该自觉地将教学与科研有机地结合起来,真正实现在教学中进行学术研究,运用教学中的难题为学术研究提供思路与方向。只有这样,教师才能在教学过程中不断提升自己的科研学术能力,进而提高教学质量。

4. 职业指导能力

我国学者钟道赞早在1933年就对职业指导进行了深入的思考,并在其《职业指导应有的工作》一文中提出了职业指导的核心目标:实现"职业与个人能力相匹配"。[①]他强调,每一项事业都有其最适合的人才和最高效的工作方法,因此,高职教师的任务不仅是传授知识,更要关注如何为学生的职业生涯提供精准的指导。

要实现这一目标,教师首先必须深入了解每个学生的性格特点。每个学生都是独一无二的,他们的性格、兴趣、才能和潜力各不相同。因此,教育不能一刀切,而应该根据每个学生的特点进行个性化的教育。这样,学生才能在自己擅长的领域发挥最大的潜力,实现自我价值。

同时,教师还需要对与专业相关的职业社会现状有深入的了解。随着科技的进步和社会的发展,职业环境也在不断变化。教师必须及时捕捉这些变化,为学生提供最新的职业信息和建议,帮助他们更好地适应职业发展的需求。

此外,《中华人民共和国职业教育法》第四条也明确规定了职业教育中职业指导的重要性。[②]它强调,实施职业教育不仅要传授职业知识和技能,还要对学生进行职业指导,全面提高他们的素质。这一规定体现了国家对高职教育职业指导的重视,也为高职教师提供了明确的工作方向。

以就业为导向是高职教育"职业特性"的体现。高职教师不仅要教授学生相关的技能和知识,更要承担起协助学生顺利就业的责任。这就要求教师必须对产业结构变动和市场需求有深入的了解,及时调整教学内容,使学生掌握适合就业的职业技能。同时,教师还要帮助学生树立正确的职业观念和职业理想,引导他们明确自己的心理特征和职业发展路径。

在实际教学过程中,高职教师要善于运用各种教学手段,将职业理想与职业道德融入教学过程中。通过案例分析、角色扮演、实践操作等方

---

① 钟道赞.职业指导与青年出路[J].教育与职业,1933(8):613-616.
② 中华人民共和国职业教育法[EB/OL].http://www.gov.cn/banshi/2005-05/25/content_ 928.htm

式,使学生更好地理解和掌握职业知识和技能。同时,教师还要关注学生的心理健康和职业规划,帮助他们解决在就业过程中可能遇到的问题和困难。

5.创新发展能力

创新是当代社会的重要驱动力,它不仅在科技领域引发变革,还深入到教育的各个领域。在这种背景下,高职院校教师的创新发展能力显得尤为重要。这不仅仅是因为创新能力是现代社会对教师的基本要求,更是因为培养创新型人才是我国高职院校的重要任务。

创新发展能力是一种建立在创新能力基础上的持续发展能力,它涵盖了创新思维、创新意识、创新行为及创新技能等多个方面。对于高职院校教师而言,这意味着他们需要不断更新自己的教育教学理念、教学方法及教学工具,以适应时代的变化和学生的需求。

在《中共中央、国务院关于全面深化新时代教师队伍建设改革的意见》中,明确提出了到2035年,教师综合素质、专业化水平和创新能力要大幅度提升的目标。[①] 这一目标不仅强调了教师的创新能力,还指出了培养创新型人才的关键在于发挥创新型教师的专业特长。因此,促进高职教师的专业发展和教学团队之间的合作,成为培养和提高高职教师创新能力的基础。

然而,提高创新能力并不是一件容易的事。在实际操作中,高职院校教师需要不断从外部获取新的知识、技术和技能,并能在产、教、学的协作环境中进行实践。同时,因为实践是提升创新能力的关键,他们还需要进行足够的实践活动,以积累经验和技能。只有通过实践,教师才能把自己的科研创新能力充分调动和运用起来,把实践经验转化为技术,并应用于教学活动中。

此外,培养教师的团队合作精神也是提高创新能力的重要途径。在教学创新团队内部,教师可以通过分享教育与教学资源,促进相互协作与探索。这种团队协作不仅有助于个人发展,还能提升整个团队的创新能力。

---

① 中共中央、国务院关于全面深化新时代教师队伍建设改革的意见[EB/OL]. http:// www. moe.gov.cn/jyb_ xwfb/moe_1946/fj_2018/201801/t20180131_326148.html

在现代科技日新月异的今天,高职教师还需要紧跟时代步伐,把现代科技、计算机、多媒体等先进技术引入课堂。这不仅能激发学生的学习兴趣,还能培养他们的创造性思维。同时,教师本身也要具备自主创新能力,能够把企业的技术问题转化为科研和教学中的素材性资源,从而不断提高教学质量。

(三)高职院校教师教学创新团队建设的权力维度

在探索高职院校教师教学创新团队建设的过程中,我们往往会关注于教学资源、教学方法、教育理念等核心要素。然而,有一个至关重要的维度却常常被忽视,那就是权力。权力结构、分配和运作的合理性,对于教学创新团队的稳定性和发展具有深远的影响。当权力缺失、权力失衡或权力关系紊乱的时候,教学创新团队就可能陷入困境,无法有效地推动教学的创新与改革。

1.教师专业自主权的行使

在我国,高职院校的教师教学创新团队建设的权力维度是一个重要且复杂的话题。其需要解决的问题是专业权力意识的引导和专业自主权的行使。专业权力,即基于专业知识的权力,这种权力是建立在系统而专门的专业训练的基础之上的。换句话说,只有接受过专业训练,才能够在专业领域内具有权威性。在我国,教师职业早已经成为一门专业,教师是从事教育教学的专业人员,要想成为教师,必须符合专业的标准,而要想符合专业的标准,就需要接受系统的专业训练。

教师教育就是这样一种专业训练,一旦接受了这种训练,教师就会获得专业权力。这种权力,也称为专业自主权,是教师在教学过程中,能够自主设计教学目标、自主选择教学内容、自主选择教学方法、自主评价学生等一系列教学活动的基础。然而,这种自主并非随意为之,而是建立在教师的专业知识和专业能力的基础之上的,是值得信赖的。

在现代高职教育体系中,教师的专业自主权的行使是保证教学正常进行,并实现教学目标的重要前提。这是因为,现代高职教育的教学是一项高度专业化的工作,是一项融合了教学内容开发、教学实施以及技术实践等多项任务在内的复杂活动,这对教师的专业性提出了极高的要求。

例如,根据2014年印发的《现代职业教育体系建设规划(2014—2020年)》文件要求,职业教育要建立产业技术进步驱动课程改革机制和建立真实应用驱动教学改革机制。[1] 其中在提到建立真实应用驱动教学改革机制时,高职院校的教师要按照"真实环境、真学、真做、掌握真本领"的要求开展教学活动;推动教学内容改革,按照企业真实的技术和设施水平设计理论、技术和实训课程;推动教学流程改革,依据生产服务的真实业务流程设计教学空间和课程模块;推动教学方法改革,通过真实案例、真实项目激发学习者的学习兴趣、探究兴趣和职业兴趣。

2. 内部权力关系的建构

高职院校教师教学创新团队的建设不仅关乎教学质量和学术研究的提升,更涉及团队内部权力关系的合理建构。这种权力关系不仅仅局限于团队成员之间的专业权力分配,还涉及行政权力与专业权力之间的交互与平衡。

首先,团队内部的专业权力关系需要得到妥善处理。每个团队成员都拥有其独特的专业知识和技能,这些专业权力在团队运行过程中发挥着重要作用。然而,如何确保这些专业权力得到合理、有效的利用,避免权力冲突和滥用,是团队建设过程中必须面对的问题。团队负责人作为团队的核心,其专业力和影响力对于团队的发展至关重要。他们不仅需要具备突出的专业能力,还需要具备良好的组织协调能力和合作精神,以引导团队朝着共同的目标前进。

其次,我们不能忽视行政权力在高职院校教师教学创新团队建设中的作用。行政权力作为一种制度性法定权力,在团队申报、遴选、组建和运行过程中发挥着至关重要的作用。

然而,行政权力的过度介入也可能导致专业权力的被压制或忽视,从而影响团队的学术自由和创新能力。因此,在团队建设中,我们需要找到行政权力与专业权力之间的平衡点。[2]

为了实现这一平衡,可以采取一些具体的措施。首先,专业权力应该

---

[1] 现代职业教育体系建设规划(2014—2020年)[EB/OL].http://www.gov.cn/gongbao/content/2014/content_2765487.htm

[2] 全国职业院校教师教学创新团队建设方案[EB/OL].http://www.moe.gov.cn/srcsite/A10/s7034/201906/t20190614_385804.html

得到充分的尊重和发挥。在教学和学术研究中,应该让专业人员有更多的自主权和话语权,鼓励他们提出创新性的想法和解决方案。其次,行政权力也应该在必要的时候进行干预,以确保团队的运行符合相关规定和政策导向。这种干预应该是适度的、建设性的,而不是过度控制或干预。最后,可以通过建立有效的沟通机制和决策机制来促进行政权力与专业权力之间的协作和配合。例如,可以定期召开团队会议,让团队成员和行政人员共同参与讨论和决策,以确保各项决策能够充分考虑到专业人员的意见和建议。同时,也可以建立一些专门的协调机构或委员会,负责处理团队内部可能出现的权力冲突和矛盾。

(四)高职院校教师教学创新团队建设的伦理维度

教师职业一直被视为一项充满伦理精神的职业,其独特的服务理念和职业伦理精神在职业发展中起着至关重要的作用。特别是在高职院校的教学创新团队建设过程中,伦理维度更是不可忽视的一部分。近年来,随着教育事业的发展和教育改革的推进,师德师风已经成为评价教师的首要标准,这也进一步凸显了职业伦理精神在高职院校教师教学创新团队中的重要性。

高职院校教师教学创新团队的建设,不仅要求团队成员具备扎实的专业知识和教学技能,更要求他们遵守教师职业道德规范,树立良好的师德师风。一个优秀的教师团队,不仅要在教学创新方面取得显著成果,更要在伦理道德方面做到无可挑剔。只有这样,才能真正实现教育事业的可持续发展,培养出更多优秀的人才。那么,如何培育高职院校教师教学创新团队的职业伦理精神呢?可以从以下几个方面进行分析。

1.教学创新团队对教师职业伦理的遵循

在当前的政策语境下,高职院校教师教学创新团队的建设与发展,对教师职业伦理规范的遵循确实是一条根本性要求,也是评价这个团队是否胜任和合格的第一标准。这一标准不仅体现了对教师专业素养的重视,也反映了对教育教学工作伦理道德层面的高度关注。

教师职业伦理规范是教师职业行为的基本准则,它涵盖了教师的职责、权利、义务以及在教育教学中应遵循的道德原则。对于高职院校教师教学创新团队而言,这些规范不仅是团队成员必须遵守的行为准则,更是团队建设和发展的重要保障。

在团队建设中,强调教师职业伦理规范的遵循,有助于提升团队成员的道德素质,树立良好的师德师风。一个具有高尚师德师风的团队,能够为学生提供优质的教育服务,推动教育教学质量的不断提升。同时,这也是对团队成员个人成长和职业发展的重要保障,有助于提升团队的整体形象和声誉。

此外,《深化新时代职业教育"双师型"教师队伍建设改革实施方案》中对师德师风建设的重视,也体现了对高职教育发展的深刻认识。[①] 高职教育作为培养高素质技术技能人才的重要途径,其教师队伍建设的质量直接关系到人才培养的质量和效果。因此,加强师德师风建设,提升教师的职业素养和道德水平,对于推动高职教育发展具有重要意义。

2.教学创新团队对教师美德伦理的守护

教师美德伦理在高职院校教师教学创新团队建设中占据着举足轻重的地位。与外在的、具有普遍适用性和强制性的教师职业伦理规范不同,美德是一种内在的、个体性的品质,它遵循自律的原则,是教师自觉追求和守护的价值观。

一个能够自觉守护教师美德的团队,必然具备独特的优势和成为卓越教学创新团队的基因。美德伦理强调教师的幸福感、良心、名誉和优良品德,这些都是构成好教师的核心要素。

以幸福感为例,当教师实现了自己的职业理想,体验到教育工作带来的积极心理感受时,他们更有可能以饱满的热情和创造力投入到教学中,从而提升教学质量和团队的整体效能。因此,高职院校教师教学创新团队建设应关注教师的职业幸福感,努力创造有利于教师实现职业理想的环境和条件。

同时,教师美德伦理的守护也意味着要规避教育实践中可能存在的各种罪恶。物欲型、权欲型、名欲型和情欲型罪恶都是教师需要警惕和避免的。这些罪恶不仅损害教师的形象和声誉,更会影响学生的健康成长和教育事业的健康发展。因此,团队建设应加强对教师的职业道德教育,

---

① 深化新时代职业教育"双师型"教师队伍建设改革实施方案[EB/OL].http://www.gov.cn:8080/Hinwen/2019- 10/18/content_ 5441474.htm

引导他们树立正确的价值观和职业观,自觉抵制各种诱惑和不良风气。

二、"双高计划"背景下高职院校教师教学创新团队建设的路径

(一)明确团队建设目标

为了打造一个高效、协作、创新的团队,需要明确团队建设的目标。这些目标不仅是我们共同努力的方向,也是评估团队进步和成功的标准。

首先,建立清晰的沟通和协作机制。团队成员之间应该能够自由、坦诚地交流,分享想法和意见。要打破信息壁垒,确保信息在团队内部流通畅通。同时,还要培养团队成员的协作精神,共同解决问题,实现共同目标。

其次,要注重团队成员的个人成长和职业发展。要为成员提供培训和学习机会,帮助他们不断提升专业技能和领导力。通过鼓励个人成长,不仅可以增强团队成员的自信心,还可以提升整个团队实现目标的能力。

最后,培养团队的创新精神。在快速变化的市场环境中,创新能力是团队保持竞争力和创造性地实现目标的关键。要鼓励团队成员勇于尝试新方法、新思路,勇于面对挑战和失败。同时,还要建立容错机制,为团队成员提供安全、宽松的创新环境。

总之,明确团队建设目标是团队成功的关键。要建立清晰的沟通和协作机制,注重个人成长和职业发展,培养创新精神,共同打造高效、协作、创新的团队。

为了实现上述目标,需要制定一系列具体的策略和行动计划。

首先,建立定期的团队建设活动,如团队会议、培训研讨会和团队活动日,以促进团队成员之间的沟通和交流。这些活动不仅能够加强团队成员之间的关系,还能提高团队成员之间的信任和合作精神。

其次,将为每个团队成员制订个人发展计划,并鼓励他们进行自我提升和学习。提供内部和外部的培训资源,帮助他们掌握新的技能和知识。同时,建立激励机制,鼓励团队成员在工作中发挥创造力和主动性。此外,注重团队文化的建设,倡导积极向上的团队氛围,鼓励团队成员相互支持、理解和包容,鼓励团队成员分享经验和知识,建立共享的价值观念和行为准则。

最后,持续关注团队的创新能力和市场适应性,鼓励团队成员关注行

业趋势和市场需求,并灵活调整团队的工作方式和策略。为团队成员提供足够的资源和支持,让他们能够放心地尝试新的方法和思路。

通过实施这些具体的策略和行动计划,逐步实现团队建设的目标,打造一个高效、协作、创新的团队,每个团队成员都将在这个过程中不断成长和进步,实现自己的职业价值。

(二)加强团队内部沟通与协作

加强团队内部沟通与协作是提升工作效率、实现共同目标的关键。一个高效的团队需要成员之间能够顺畅地交流、分享信息和资源,以及协同工作。为了实现这一目标,可以采取以下措施。

首先,建立良好的沟通机制是至关重要的。团队成员需要明确沟通目的和方式,确保信息能够准确、及时地传递。定期的团队会议是一个有效的沟通平台,可以让成员分享工作进展、讨论问题和解决方案。此外,利用现代科技手段,如企业内部通信工具、在线协作平台等,也可以提高沟通效率。同时,良好的沟通机制也需要建立在相互尊重和理解的基础上。每个团队成员都有自己的角色和责任,应当受到充分的认可和尊重。为了加深相互了解,可以定期组织团队建设活动,如户外拓展、团队聚餐等,让成员在轻松的氛围中增进友谊,加深了解。除了面对面的沟通,书面沟通同样重要。在团队工作中,经常需要撰写工作报告、会议纪要、邮件等文件,以记录和传达重要信息。因此,良好的书面表达能力也是团队成员必备的技能之一。为了提高书面沟通能力,可以组织定期的培训和分享会,让成员学习如何清晰、简洁地表达自己的想法和观点。此外,为了确保沟通机制的有效性和持续性,需要建立一套评估和改进机制。可以通过定期收集成员的反馈意见、评估沟通效果等方式,不断改进和优化沟通机制。同时,也要对团队成员进行培训和引导,让他们充分认识到沟通的重要性,并积极参与和推动团队沟通机制的建设和完善。

其次,培养团队协作精神是加强内部协作的关键。团队成员需要相互信任、尊重和支持,形成一个团结、和谐的工作氛围。通过共同制定目标、分工合作、互相学习等方式,可以增强团队凝聚力,提高协作效率。为了培养团队协作精神,要建立开放和包容的沟通环境。在这样的环境中,每个团队成员都能够自由地表达自己的观点和建议,而不必担心受到批评或指责。当每个成员都能够被尊重和理解时,他们更有可能全身心地投入到工作中,同时也更愿意为团队的目标作出贡献。除了良好的沟通环境,共同制定目标也是培养团队精神的重要步骤。当团队成员一起参与目标制定时,他们能够更好地理解团队的愿景和方向,也更容易形成对目标的共同认知。这种共同认知将促使团队成员更加积极地协作,以实现团队的目标。分工合作是团队协作的另一个关键方面。每个团队成员都应该明确自己的职责和任务,并与其他成员紧密合作,以确保工作的顺利进行。通过分工合作,团队成员可以相互学习、互相支持,并在实践中不断提高自己的能力和技能。

最后,建立有效的反馈机制也是加强团队内部沟通与协作的重要手段。团队成员需要及时了解自己的工作表现,以便调整工作方法和策略。同时,团队成员之间也需要相互提供反馈,以便更好地协作完成任务。通过建立一个积极、开放的反馈环境,团队成员可以更加坦诚地交流,分享彼此的想法和意见。这种反馈不仅可以帮助个人成长,还可以促进整个团队的进步。

为了建立一个有效的反馈机制,团队成员需要遵循一些基本原则。反馈应该是具体、明确和及时的。当某个成员在工作中出现问题时,其他成员应该及时给予反馈,并明确指出问题的原因和解决方案。这样可以快速纠正错误,提高工作效率。反馈应该是建设性的。团队成员应该避免使用攻击性或贬低性的语言,而是应该以积极的态度提供建议和支持。这样的反馈不仅可以增强团队的凝聚力,还可以激发成员的创造力和潜力。反馈应该是双向的。团队成员不仅需要接受他人的反馈,也需要主动给予反馈。通过相互提供反馈,团队成员可以更好地了解彼此的工作风格和优势,从而更好地协作完成任务。总之,通过遵循具体、明确、及时、建设性和双向等原则,团队成员可以更加坦诚地交流,分享彼此的想法和意见,共同推动团队的进步和发展。

(三) 引入外部资源与支持

高职院校教师教学创新团队的建设需要充分利用外部资源与支持。这包括邀请行业专家、学者举办讲座、培训,以及与其他高校、企业建立合作关系,共同开展教学研究与实践。通过引入外部资源,不仅可以拓宽团队成员的视野,还能为团队发展提供更多可能性。

高职院校教师教学创新团队的建设是一个综合性的过程,它不仅仅局限于校园内部的教学与科研活动,更需要广泛地汲取外部的智慧和资源。通过与行业专家、学者的深入交流,团队成员能够及时了解到最新的行业动态和前沿知识,不仅能够提升团队的教学水平,也有助于培养学生的职业素养和实践能力。

邀请行业专家、学者举办讲座、培训,是高职院校教师教学创新团队建设的重要途径之一。专家、学者往往具有丰富的实践经验和深厚的理论素养,他们的分享和指导能够为团队成员提供宝贵的启示和借鉴。同时,通过与专家、学者的交流,团队成员还能够建立起广泛的人脉网络,为未来的教学和科研合作打下坚实的基础。

除了邀请外部行业专家、学者举办讲座、培训外,高职院校教师教学创新团队还应积极与其他高校、企业建立合作关系。这种合作可以是多方面的,如共同开展教学项目、科研合作、实习实训等。通过与其他高校、企业的合作,团队成员能够接触到不同的教学模式和教学方法,从而丰富自己的教学手段和策略。同时,这种合作也有助于推动团队成员的职业发展,提升他们在行业内的知名度和影响力。

(四)建立激励机制与评价体系

为了激发团队成员的积极性和创造力,高职院校应建立相应的激励机制与评价体系。包括设立教学创新奖励、教学成果展示等平台,对在教学创新方面取得突出成绩的团队成员给予表彰和奖励。同时,建立科学、公正的评价体系,对团队成员的教学工作进行全面、客观的评估,为团队发展提供有力保障。

除了上述的激励机制与评价体系,高职院校还可以采取以下措施来进一步激发团队成员的积极性和创造力。

(1)高职院校可以定期举办教学研讨会或教师论坛,为团队成员提供一个交流教学经验和分享创新思路的平台。这样的活动不仅能促进团队成员之间的相互学习和合作,还能激发他们在教学创新方面的灵感和动力。

(2)高职院校可以鼓励团队成员参与各种教学项目和研究课题,为他们提供必要的研究资源和支持。通过参与项目研究,团队成员可以不断拓宽自己的知识领域,提升自己的专业素养,同时也能够为高职院校的教学改革和发展作出积极贡献。

（3）高职院校还可以建立一支专门的教学指导团队，为团队成员提供个性化的教学指导和咨询服务。这支团队可以由教学经验丰富的教师或教育专家组成，他们可以根据团队成员的实际情况和需求，提供针对性的建议和帮助，帮助他们解决教学中遇到的问题和困难。

（4）高职院校还可以通过建立团队合作文化来激发团队成员的积极性和创造力。团队合作文化强调团队成员之间的互相信任、互相支持和互相学习，它能够激发团队成员的归属感和责任感，促使他们更加积极地投入到教学工作中去。

（五）注重团队建设与学科发展的融合

高职院校教师教学创新团队的建设应与学科发展紧密融合。团队成员应关注学科前沿动态，将最新的教学理念和技术手段应用于教学实践中。同时，通过团队内部的交流与研讨，促进学科交叉融合，形成具有特色的教学创新团队。

高职院校教师教学创新团队的建设，不仅是对教师个人能力的挑战，更是对学校整体教学水平的提升。在这样的背景下，团队成员应当保持开放的心态，积极学习，勇于尝试，不断提升自己的教学水平和创新能力。

为了更好地适应学科发展的需求，团队成员需要定期参加各类学术研讨会和培训活动，了解最新的教学理论和技术手段。同时，他们还需要加强与同行之间的交流与合作，共同探讨教学问题，分享教学经验，促进教学水平的提高。

在教学实践中，团队成员应注重将最新的教学理念和技术手段应用于课堂中，激发学生的学习兴趣和积极性。例如，可以引入多媒体教学、网络教学等现代教学手段，丰富教学内容和形式，提高教学效果。同时，还需要关注学生的学习需求和反馈，及时调整教学策略，确保教学质量。

此外，不同学科之间的交叉融合可以带来新的思维和方法，为教学创新提供更多的可能性。团队成员可以通过跨学科合作，共同开展教学研究和项目开发，形成具有特色的教学创新团队，为学校的教学改革和发展作出贡献。

(六)加强团队建设与学生需求的对接

高职院校教师教学创新团队的建设应与学生需求紧密对接。团队成员应深入了解学生的学习需求和发展方向,根据学生的实际情况调整教学内容和方法,提高教学效果。同时,通过与学生互动、交流,收集学生的反馈意见,为团队的教学创新提供有力支持。

为了实现这一目标,高职院校可以采取以下系列措施。

(1)定期组织教师参与学生座谈会或问卷调查,以了解学生对于课程内容的兴趣点、学习难点以及期望的教学形式。这样,教师团队就能更准确地把握学生的需求,从而针对性地调整教学策略。

(2)鼓励教师走进学生生活,参与学生活动,与学生建立亲密的师生关系。这不仅有助于增进教师对学生个体差异的理解,也能促进学生在课堂上的积极参与。

(3)建立有效的反馈机制。教师应定期收集学生对教学内容、方法和效果的评价,认真倾听学生的声音,及时调整教学方案。同时,鼓励学生提出意见和建议,为团队的教学创新贡献智慧。

(4)高职院校教师还可以借鉴其他高校和行业的先进教学经验,不断丰富和创新教学方法和手段。例如,可以引入慕课、微课等新型教学资源,或者尝试翻转课堂、在线协作等教学模式,以激发学生的学习兴趣和潜能。

高职院校教师教学创新团队的建设与学生需求的紧密对接是提升教学质量和效果的关键。只有深入了解学生需求,不断创新教学方法和手段,才能培养出既符合社会需求又具备个人特色的高素质人才。

综上所述,"双高计划"背景下高职院校教师教学创新团队建设的路径与举措应围绕明确团队建设目标、加强团队内部沟通与协作、引入外部资源与支持、建立激励机制与评价体系、注重团队建设与学科发展的融合以及加强团队建设与学生需求的对接等方面展开。通过这些举措的实施,可以有效提升高职院校教师的教学水平,促进教学方法的创新,提高教学效果,为培养高素质技术技能人才提供有力保障。

第六章

"破五唯"视域下高职院校教师职称评价改革

"破五唯"视域下高职院校教师职称评价改革,是教育领域深化改革的重要一环。传统的教师职称评价方式已经不能完全适应新时代高职教育的发展需求,因此,高职院校教师职称评价改革势在必行。在"破五唯"的视域下,高职院校教师职称评价改革需要注重教师的实际教学能力、专业实践经验和行业影响力等方面的评价。这意味着,评价不再仅仅依赖于论文的数量和质量,而是更加注重教师在实际教学中的表现和专业实践能力的提升。通过改革,可以更加全面地评价教师的实际能力和贡献,促进教师的专业成长和职业发展,为高职教育的健康发展提供有力保障。

第一节 "破五唯"的内涵及必要性

一、"五唯"现象

"五唯"现象:"唯分数",过分注重学生的考试成绩,而忽视学生的综合素质和能力的培养;"唯升学",过分追求学生的升学率,而忽视学生的个性发展和全面发展;"唯文凭",过分看重教师的学历和资格,而忽视教师的实际教学能力和教学效果;"唯论文",过分强调教师的论文发表数量,而忽视教师的实际教学能力和教学效果;"唯帽子",过分看重教师的职务和头衔,而忽视教师的实际教学能力和教学效果。这些现象导致了教师评价的片面化和不科学化，使教师的教学重心偏离了学生的实际需求，影响了教学质量。同时，这些现象也导致了教师队伍建设的质量下降，使教师的队伍结构失衡，影响了教育事业的可持续发展。

（一）"唯分数"现象

"唯分数"现象在我国教育体系中普遍存在，其内涵可概括为两个方面。一方面，在评价学生时，教师将学生的考试成绩视为评价的唯一标准。这种评价方式忽视了学生的全面发展，过于关注短期内的成绩提升，导致学生学习过程中过分追求分数，忽视了能力的培养。另一方面，在评价教师时，学校将教师所教学生的考试成绩作为评价教师工作成效的唯一标准，将学生的学习成绩与教师的绩效、评优、职称评定等挂钩。这种评价方式使教师过于关注学生的成绩，而忽视了教育教学的本质，即育人。

因此，我国教育部门应当加强对"唯分数"现象的监管，制定科学的评价标准和评价方式，引导教育工作者树立正确的教育观念，关注学生的全面发展，培养学生的核心素养，促进学生的健康成长。同时，教师也应当自觉抵制"唯分数"现象，树立正确的教育观和价值观，关注学生的个性发展，提高教育教学质量。

（二）"唯升学"现象

"唯升学"现象在我国基础教育阶段尤为严重，其内涵丰富，影响深远。它不仅涵盖了从小学到高中阶段的所有升学考试，而且涉及了学校、教师、学生以及社会各个层面。这种现象的形成，既有历史原因，也有现实因素，既有学校原因，也有教师原因。

从历史原因来看，"唯升学"现象的产生与我国长期以来的应试教育模式密切相关。长期以来，我国的教育制度以考试成绩为主要评价标准，导致学校、教师、学生都将升学率视为评价一切的标准，甚至将升学率视为学校、教师、学生个人成败的标准。这种评价体系使教育过程被简化，教育目的被扭曲，教育质量被忽视，教育公平被破坏。

从现实因素来看，"唯升学"现象的产生与我国当前的社会环境密切相关。我国当前的社会竞争激烈，就业压力大，升学被视为进入更好就业岗位的通行证，因此，学校、教师、学生都将升学率视为评价一切的标准，甚至将升学率视为学校、教师、学生个人成败的标准。

从学校层面来看,"唯升学"现象的产生与学校管理模式密切相关。为了提高升学率,学校通常默许部分学科教师任意占用体育、美术、劳动、班会课,以使学生有更多时间学习考试内容。甚至有的学校还在高考前,劝退部分学业成绩较低的学生放弃参加考试以提高升学率。这种管理模式使学校成为训练做题的辅导机构,教师也逐渐变为辅导学生做题的教书匠。

从教师层面来看,"唯升学"现象的产生与教师教学理念密切相关。为了提高升学率,教师将教学的重点放在培养和训练学生应付各种类型的考试,形成了单调"刷题"的应考战术。

总的来说,"唯升学"现象是我国基础教育阶段的一种普遍现象,其产生原因是多方面的,影响也是深远的。为了改变这种现象,需要从教育制度、社会环境、学校管理、教师教学理念等多方面进行改革,以提高教育质量,促进教育公平。

(三)"唯文凭"现象

"唯文凭"现象在我国教育领域广泛存在,这种现象不仅影响了教师队伍的建设,也对其他行业的人才选拔产生了误导。在当前社会,文凭被视为衡量一个人是否具有知识和能力的标准,然而,过分强调文凭的作用,忽视了教育的本质,即培养人的全面发展。因此,需要对"唯文凭"现象进行深入的探讨,以期找到解决问题的方法。

"唯文凭"现象是指在招聘、选拔人才时,过分强调学历、文凭,而忽视了人才的实际能力和素质。这种现象在我国的教育领域普遍存在,尤其是在教师队伍的建设中,更是严重。我国正在逐步提升教师的学历条件,以适应新时代教师队伍建设的需要。然而,在"唯文凭"的导向下,学校的选人用人标准远远高于此条件,形成了教师比拼学历的不良倾向。

"唯文凭"现象的出现,既有社会环境的影响,也有教育体制的问题。社会环境的影响主要表现在,人们过分追求名牌学校,忽视了实际能力和素质。教育体制的问题主要表现在,教育过于注重学历、文凭,忽视了人的全面发展。

"唯文凭"现象不仅影响了教师队伍的建设,也对其他行业的人才选拔产生了误导。在教师队伍中,过分强调文凭,忽视教师的实际能力和素质,导致了教师队伍的素质下降。在其他行业中,过分强调文凭,忽视实际能力和素质,导致了各行各业的人才"高消费"状况。

(四)"唯论文"现象

"唯论文"现象是当前教育领域中的一个热门话题。它指的是学校将论文数量作为教师科研能力考核、晋升职称、评奖评优的唯一指标。这种现象在基础教育阶段尤为明显,教师的论文数量成为晋升职称的一项重要指标。然而,这种以数量为导向的评价体系却存在着许多问题。

这种评价体系导致了教师为了追求论文数量而分散了大量时间和精力。很多教师由于缺乏专业理论素养,难以完成指标,最后甚至不惜花钱买版面来发表论文。这些论文往往与教师的教学研究没有多大关系,更谈不上对教师的专业发展的促进作用。这种现象不仅让教师失去了从事教学研究的热情和动力,而且也让他们无法专注于教书育人这一核心职责。

"唯论文"现象还阻碍了我国科研水平的发展。在这种评价体系下,教师不愿花费时间进行持久性的研究,而是集中精力产出功利性成果。这种做法不仅导致我国科研实力的虚假繁荣,而且也限制了我国科研水平的提高。因为科学研究需要长期的积累和深入的思考,而不是简单地追求数量。

(五)"唯帽子"现象

在当今社会,教师的评价体系逐渐偏离了其本质,形成了一种被戏称为"唯帽子"的现象。这种现象以教育部门、学校等机构对教师授予的荣誉称号和头衔作为评价教师的重要指标,导致了一系列问题。

在教育领域,"帽子"通常指的是教育部门、学校赋予杰出教育工作者的荣誉称号,如"优秀教师""教学名师"等。这些称号旨在表彰教师在教育教学、科学研究等方面的卓越成就,对于激发教师的积极性和创造力,推动教育事业的发展具有重要意义。

然而,"唯帽子"的评价方式却使很多学校将"帽子"与奖励直接挂钩,导致众多教师只关注如何获得"帽子",而忽视了教育教学工作的本质。他们一门心思追求成果,甚至不惜牺牲教学质量和科研诚信,以求获得更多的荣誉称号。这种功利主义思想不仅违背了教育的初衷,也损害了教师的形象和声誉。

此外,"唯帽子"现象还导致了教育资源的分配不公。一些教师利用已有的"帽子"占取更多的教育资源,再用这些资源获取更多的"帽子",形成了一种恶性循环。这不仅剥夺了年轻教师的发展机会,也削弱了教育事业的活力。年轻教师往往因为缺乏资源和机会,难以发挥自己的教学科研积极性,从而影响了整个教育生态的健康发展。

二、"破五唯"的内涵

(一)"破五唯"概念

我国教育评价体系中的"五唯"标准包括唯分数、唯升学、唯文凭、唯论文、唯"帽子",其中前两项针对学生评价,后三项针对高校教师职称评价。但过于简单的文凭和论文评价易使教师陷入功利思维,不利于其综合素质发展。除这些标准外,评审还应考虑教学质量、社会服务等因素,以科学客观评价教师水平。[①]

刘振天认为"五唯"评价标准过于简单化,仅以文凭和论文评价教师会使他们陷入功利的思维中,不利于教师自身综合素质的发展。这种评价标准偏离了评价的本质和初衷,没有全面考虑教师的实际教学质量、社会服务等多种因素。[②] 因此,为了科学客观地评价教师的水平,除了上述标准外,高校还应当综合考虑更多方面的因素。

(二)"破五唯"与教师评价体系构建的理论基础

1. 亚伯拉罕·马斯洛(Abraham Maslow)的需求层次理论

马斯洛的《人类激励理论》为我们提供了一种理解人类行为动机的

[①] 张冬梅,刘善槐. 破"五唯"背景下地方本科高校教师职称评审:问题省思与实践路径[J]. 黑龙江高教研究,2022,40(3):38-42.
[②] 刘振天. 教育评价破"五唯"重在立"四新"[J]. 国家教育行政学院学报,2020(11):13-15.

框架,即需求层次理论。这一理论主张,每个人都有一系列的需求,这些需求按照从基本到复杂的层次排列,形成了一个金字塔结构。在这个金字塔中,从底部到顶部依次是生理需求、安全需求、情感和归属感需求、尊重需求,以及最高层次的自我实现需求。这一理论不仅为我们理解个体行为提供了视角,也为高职院校教师评价治理提供了有益的启示。

高职院校教师作为一个特殊的职业群体,他们的需求层次往往更高,更偏向于自我实现和尊重的需求。因此,在评价治理过程中,必须充分考虑这一特点,确保评价机制能够满足他们的这些需求。这不仅能激励教师更积极地投入到教学和科研工作中,还能促进他们的个人成长和职业发展。

然而,值得注意的是,不同地区的高职院校教师,甚至同一地区不同群体之间的高职院校教师,他们的需求层次和程度都可能存在差异。这种差异性可能源于个人的成长背景、教育经历、职业目标等多种因素。因此,在建立高职院校教师职称评价体系时,必须充分考虑这种差异性,建立多元化、不同的评价机制。

具体而言,对于需求层次较低的高职院校教师,可以更多地关注他们的生理和安全需求,如提供稳定的工作环境、合理的薪酬待遇等。而对于需求层次较高的高职院校教师,则应更多地关注他们的自我实现和尊重需求,如提供发展机会、给予荣誉称号等。同时,这种评价机制还应具有一定的灵活性,能够根据高职院校教师的个人情况和需求变化进行调整。

此外,为了更好地满足高职院校教师的需求,学校应加强与教师间的沟通和交流,了解他们的真实想法和需求,以便在评价机制中做出更合理的决策。同时,还应加强对高职院校教师的培训和指导,帮助他们提升教学和科研能力,实现个人价值的最大化。

2. 戴维·麦克利兰(David McClelland)的胜任力理论

胜任力这一概念,起源于对工人岗位绩效的量化管理,经过国内外研究者的深入探索,现已发展成为一种全面评估个人工作绩效的能力框架。胜任力不仅涵盖了与工作直接相关的知识、技能和手段,还深入到了个人的能力、特点以及发展动机等多个层面。这一概念由美国哈佛大学的戴维·麦克利兰教授(David McClelland)在1973年首次提出,旨在弥补传统智力测试在评估个人综合素质能力方面的不足。[①]

麦克利兰教授观察到,一个人是否能胜任某项工作,并非仅仅取决于外在因素,如教育背景、工作经验等,更重要的是取决于个体自身的内在因素。这些因素包括但不限于个人的价值观、自我认知、动机、态度以及人格特质等,共同构成了一个人的胜任力,决定了他们在工作中的表现和发展潜力。

胜任力理论的形成,不仅是对个人能力评估的一次革命性突破,也为组织在人力资源管理方面提供了全新的视角。通过对胜任力的深入分析和评估,组织可以更加准确地识别出员工的优势和不足,为他们提供更有针对性的培训和发展机会。同时,胜任力理论也为青年评价机制提供了新的思路,使评价不再仅仅局限于外在表现,而是更加注重个体的内在潜力和成长潜力。

然而,胜任力并非一成不变的概念。随着社会的快速发展和技术的不断进步,胜任力的内涵和外延也在不断演变和扩展。例如,在数字化时代,对技术能力的要求可能变得更加重要;在全球化背景下,跨文化沟通能力成为胜任力的重要组成部分。因此,对于胜任力的理解和应用,需要与时俱进,不断地进行更新和调整。

总的来说,胜任力是一种多维度、综合性的能力评估框架,它强调了个体内在因素在工作绩效中的重要作用。通过深入理解和应用胜任力理论,可以更加全面地评估和发展个人的能力,为组织的可持续发展提供有力支持。同时,高职院校教师职称评价机制也应将胜任力作为重要的评价指标之一,以促进人才的全面发展和组织的整体竞争力全面提升。

3. 阿尔伯特·班杜拉(Albert Bandura)的自我效能理论

自我效能感也被称为自我效能,是一种个人信念,它源于个体对自己能够有效达成由组织赋予的任务目标的内在能力的评估。这一理论最初由美国心理学家班杜拉在 1977 年提出,它代表了个体对于实现自我价值的期望。自我效能理论不仅仅是一种认知能力,更是从人类的认知、社会文化以及个人行为模式中逐渐衍生出来的一种重要心理机制。它深刻地影响着个体的自我认知和行为,是实现自我价值的关键。

[①] 杨甲睿,史基升,张洁.教师的研究胜任力:内涵、结构与职前培养[J].中国教育科学(中英文),2019(5):135-143.

在高职院校教师的职业发展过程中,自我效能感起到了至关重要的作用。青年教师常常面临着"破五唯"中的各种问题,如科研压力、教学挑战、职业发展等。这些问题往往使高职院校教师对自己的能力和价值产生怀疑,从而影响了他们的工作积极性和潜能的发挥。因此,满足高职院校教师对于自身发展的不同需求,提出利用自我效能感理论来改善评价方式,具有积极的现实意义。

首先,自我效能感可以帮助高职院校教师建立正确的自我认知。高职院校教师往往因为缺乏经验而对自己的能力产生过低的评价。通过培养和提高他们的自我效能感,可以帮助他们更加客观地看待自己的能力和潜力,从而建立正确的自我认知。

其次,自我效能感可以激发高职院校教师的工作积极性。当高职院校教师相信自己有能力完成某项任务时,他们会更加投入地工作,并愿意面对挑战。这种积极的工作态度不仅有助于他们个人的成长,也能为学校和学生带来更好的教育效果。

最后,自我效能感还可以促进高职院校教师的职业发展。通过提高自我效能感,高职院校教师可以更加自信地面对职业发展中的各种挑战,如申请科研项目、晋升职称等。这种自信不仅有助于他们成功地应对这些挑战,也能为他们的职业发展打下坚实的基础。

自我效能感是高职院校教师潜能发挥的关键。在今后的工作中,应该更加关注高职院校教师的自我效能感培养,为他们提供更加丰富多样的发展机会和评价方式,激发他们的潜能和工作热情,推动他们实现更好的职业发展。

4. L.V. 贝塔朗菲(L.Von.Bertalanffy)的系统理论

系统方法论及其原理,作为所有系统活动的基本特征和原则,是客观规律的科学理论。在探讨高职院校教师职称评价时,采用系统方法论能够为我们提供一种全面而深入的视角,帮助我们更好地理解和应对当前的问题和挑战。

根据系统理论的核心观点,一个系统是由多个相互关联的要素组成的整体。这些要素之间并非简单的相加或融合,而是需要通过相互配合和相互联结来实现整体的功能。这一观点为我们理解高职院校教师职称评价体系提供了新的视角。在这个体系中,每一个评价要素都不是孤立存在的，而是与其他要素相互关联、相互影响。因此，在评价过程中，需要全面考虑各个要素之间的相互关系，以确保评价结果的准确性和公正性。

奥地利理论生物学家 L.V. 贝塔朗菲（L.Von.Bertalanffy）是系统理论的重要推动者。他强调，任何一个系统都可以被看作一个整体，其中每个元素都是相互关联的。这一观点在高职院校教师职称评价体系中同样适用。每个评价要素在体系中都扮演着特定的角色，发挥着独特的作用。例如，教学质量、科研成果、师德师风等都是评价高职院校教师的重要指标，它们共同构成了评价体系的整体框架。

在"破五唯"背景下，高职院校教师职称评价面临着新的挑战和机遇。为了应对这些挑战，需要用系统论的动态原则来指导评价体系的创新。这意味着我们需要根据时代的发展和教育的需求，不断调整和优化评价体系的结构和要素。同时，还需要利用系统论的模型化原则来构建高职院校教师职称评价体系模块，帮助我们更好地理解和把握评价体系的内在逻辑和运行机制，提高评价的效率和准确性。

三、"破五唯"的必要性

（一）"五唯"之弊与"四有"之利

自古以来，教育一直是国家和社会发展的基石。在教育体系中，教师是培养未来人才的关键力量。然而，由于历史文化、社会现实等多重因素的影响，我国教师评价标准长期以来存在一些问题，这些问题不仅影响了教师的专业发展，也阻碍了教育质量的提升。

长期以来，我国教师评价标准过度强调具体的量化指标，如学生的成绩、升学率等。这种"唯分数""唯升学"的评价标准，导致教师过分追求学生的学业成绩，忽视了学生的全面发展和个体差异。此外，评价标准还过分关注教师的文凭、论文发表等硬件指标，甚至将这些作为考核、职称评定和晋升的主要依据。这种"唯文凭""唯论文"的评价标准，不仅加剧了教师的学术压力，也导致了教育资源的浪费和学术不端行为的滋生。

在价值取向方面，"五唯"教师评价标准注重数量而忽视质量。这种价值取向导致教师在教育教学中忽视了教育的本质——立德树人。教师的首要任务是教书育人，而不是简单地追求各项指标的数量。立德树人是教育的根本任务，也是评价教师工作成效的第一标准。然而，在一些学校和地区，这一根本任务被忽视，教师评价过于功利化，导致了教育质量的下降。

在评价目的方面，"五唯"教师评价标准过于注重奖惩性评价，忽视了诊断性评价和发展性评价。教师评价的目的不仅是为了考核教师，更重要的是帮助教师诊断问题、促进教师专业发展。通过评价，可以发现教师在教育教学中存在的问题和不足，进而提供有针对性的改进建议和支持。然而，现有的教师评价标准过于强调奖惩，导致教师评价失去了应有的诊断和发展功能。

在评价主体方面，"五唯"教师评价标准缺乏多元性和全面性。评价主体过于单一，缺乏校外评价主体的参与，如家长、社会、企业等。同时，校内评价主体也缺乏多元性，教师自身、同事、学生、学校评委会等尚未形成一个完善、相互配合的评价主体系统。这种单一的评价主体导致评价结果缺乏客观性和公正性，也限制了教师评价的有效性和可信度。

在评价内容方面，"五唯"教师评价标准过分强调分数、升学、文凭、论文等指标的达成，忽视了教师的教育教学能力、师德师风、创新能力等方面的评价。这种片面的评价内容导致教师评价失去了全面性和公正性，也限制了教师的专业发展和创新能力的发挥。

"五唯"现象在教育领域一直备受关注，它指的是"唯分数""唯升学""唯文凭""唯论文""唯帽子"的评价方式。这些评价指标本身并非错误，它们在一定程度上可以衡量教师的工作绩效和学生的学业成就。然而，当这些指标被过度强调并奉为圭臬时，就会引发一系列问题。

"五唯"现象表面上过于量化评价教师工作绩效，将分数、升学率等作为唯一评价标准，导致教师过分追求短期目标，忽视了学生的全面发展。这种评价方式不仅背离了教师评价的初心，也限制了教师的创新精神和教育教学的多样性。为了解决这个问题，需要对现行的教师评价目的、评价主体、评价内容、评价方式进行系统改革。具体来说，应该改进结果评价，强化过程评价，探索增值评价，并健全综合评价。这样才能建立起更加具有针对性、发展性、多元性、综合性和增值性的教师评价新机制。

在新时代的浪潮中，我国教育评价改革翻开了崭新的一页，破除了长期以来的"五唯"评价观念，而确立了"四有"好老师的评价标准。这一变革不仅是对教师评价体系的正本清源，更是对整个教育生态的优化与提升。

首先，明确教师工作的特殊性与复杂性。教师不仅是知识的传递者，更是学生心灵的塑造者，他们的工作融合了智力、体力、智慧与情感。在这样的背景下，"四有"好老师的评价标准应运而生，它扭转了过去不科学的评价观念，为教师指明了方向。这一标准强调了教书育人的核心使命，鼓励他们树立育人为本的职业观，实现教书育人与教学研究、专业发展的有机结合。这样的评价体系有助于激发教师的教育热情，提升他们的专业素养，进一步推动教育的创新与发展。

其次，新时代的教育评价改革也对教师和学生的评价方式产生了深远影响。过去，许多教师在评价学生时过于注重分数和升学率，忽视了学生的全面发展。"四有"好老师的评价标准则要求教师在评价学生时，既要关注学生的学业成绩，也要重视他们的道德品质、体育素养、审美情趣以及劳动精神。这种评价方式的转变使教师在教学实践中更加注重学生的全面发展，真正实现了教育的多元化和个性化。

最后，新时代的教育评价改革是整个教育评价体系的重要组成部分。它不仅仅关乎教师的评价，更关乎政府、学校以及学生的评价。教师评价改革的推进，将促使政府转变教育政绩观与评价观，引导学校建立以"四有"好老师为标准的评价体系，从而推动整个教育生态的优化。在这样的评价体系下，学校将更加注重学生的全面发展，培养出更多担当民族复兴大任的时代新人。

新时代破"五唯"而立"四有"的教师评价改革不仅是对教师评价体系的正本清源，更是对整个教育生态的优化与提升。它有助于激发教师的教育热情，提升他们的专业素养，推动学生的全面发展，进而实现教育的创新与发展。同时，这一改革也将促使政府、学校以及学生转变评价观念，共同营造一个更加科学、公正、全面的教育评价环境。

（二）以"破五唯"作为突破口

"五唯"现象在我国教育体系中广泛存在，从学前教育到高等教育，无一幸免。这种评价方式不仅扭曲了教育的本质，还引发了一系列教育问题，给社会带来了不良影响。为了改变这一现状，必须坚决破除"五唯"，通过改进结果评价、强化过程评价、探索增值评价、健全综合评价，重构教师评价的价值取向、标准、目的和方法。

（1）各级各类学校应将"破五唯"作为教师评价改革的突破口。这要求我们对现有的教师评价制度和文化进行深刻的反思，摒弃以分数、升学率、文凭、论文和"帽子"等单一指标评价教师的做法。必须明确，教师的核心职责是教书育人，而不是追求科研成果或荣誉头衔。因此，学校应精简教师的其他工作任务，为他们提供更多的专业发展机会和平台，鼓励他们专注于教学内容的研究和教学能力的提升。

（2）立德树人是教育的根本任务，也是评价教师和学校的最高标准。必须正视教育结果，注重培养学生的世界观、价值观、人生观，以及理想信念、道德修养、思想境界、社会责任、审美素养、情感意志、合作意识、创新精神等综合素质。这要求我们在评价教师时，不仅要关注他们的教学成绩和科研成果，还要关注他们的教育教学方法、对学生的关爱和引导等方面的表现。

（3）各级各类学校应坚持帮助教师实现专业发展的评价目的，创建多元评价主体。包括学校内部评价、学生评价、家长评价和社会评价等多个方面。通过多元化评价，可以更全面地了解教师的工作表现和成果，才能更公正地评价他们的工作价值和贡献。同时，也有助于激发教师的工作热情和创造力，促进他们的专业发展。在评价过程中，要注重过程性评价和增值评价。过程性评价强调教师在教育教学、科学研究过程中的表现和发展，允许他们在教学和科研中逐步成长和进步。增值评价则关注教师自身的努力和进步，减少横向比较，注重纵向比较，让教师通过自身努力获得成长的喜悦。此外，还要以综合素质作为评价内容，重点审核教师师德。教师师德是教师评价的灵魂，是衡量一个教师是否合格的重要标准。因此，必须通过教师法、教师专业标准、教师工作考核等规范师德评价，实行师德一票否决制，建立新的师德评价体系。同时，还要处理好师德评价与教师整体评价的权重、师德评价与教师绩效的关系等问题，确保评价的公正性和有效性。

（4）要根据各阶段、各类型学校的特点和实际情况，对教师进行分类评价。不同阶段、不同类型的学校教师工作内容和工作重点各不相同，不能简单地采用"一刀切"的评价标准。因此，要结合各自的工作特点，制定适宜的评价标准，确保评价的针对性和有效性。

总之，破除"五唯"现象是一项长期而艰巨的任务，需要各级各类学校和社会各界的共同努力。通过改进结果评价、强化过程评价、探索增值评价、健全综合评价，逐步改变现有的教师评价价值取向、标准、目的和方法，推动教育事业的健康发展。

第二节　高职院校职称评价体系现状及存在的问题

一、职称评价体系研究的现状

高职院校职称评审制度的研究和改革已经引起了广泛的关注。这一制度的设计和实施，需要充分考虑到高职教育的特殊性，以及教师在职业教育中的重要作用。在实际操作中，各高职院校通过多种方法积极探索高职院校职称评审制度。例如，莫韦花等人通过结合教师职称结构、学历结构等现状，确定不同岗位教师的指标体系，通过运用德尔菲法及序关系分析法确定不同岗位教师指标权重，运用模糊数学，构建了一套针对专职教师、教育教学管理人员和教学辅助人员的分类评价模型。这种评价模型能够更准确地评估教师的工作能力和业绩，有助于激发教师的工作积极性和创造力。[①]

谢富春等人则通过基于 CDIO 和 CMM 模型，结合 TF 育人模式，构建了 TF-CDIO-CMM 教师评价模型。这一模型能够更全面地评价教师的各项能力和素质，有助于提高教师的教学质量和教学效果。[②] 通过层次分析法，分析教师、学生、学校和企业等评价指标，建立教师评价指标的层次结构，确定评价内容各方面的权重，最终构建一种基于模糊数学定量的 TF-CDIO-CMM 评价模型，进行教师 CDIO 能力评估与能力提升。这种评价模型能够更准确地评估教师的职业能力和职业素质，有助于提高教师的职业素养和职业竞争力。

杨建辉则在研究"放管服"背景下，广西高校教师职称分类评价体系构建过程中，细化职称评价体系指标，采用积分制评价体系，从根本上解决了以往职称评审条件中，对申报人某一类成果的限制，破除了唯论文、唯课题、唯奖项的评价困境，申报人可以根据自己的特长，专攻某一项成

---

① 莫韦花,刘存香,戴晓云.职业院校教师能力评价体系探析[J].高教论坛,2021（4）:71-73+77.
② 谢富春,周至阳,彭可乐,等.基于 CDIO 构建 TF-CDIO-CMM 教师评价模型应用研究[J].湖南工程学院学报（自然科学版）,2020,4（30）:44-50.

第六章
"破五唯"视域下高职院校教师职称评价改革

果,从而在自己擅长的领域做出更好的成绩。[①]

河北在高校教师职称制度改革和分类评价中,将师德作为教师评价的首要内容,严格教师教学工作量考核,重视教学质量评价,建立高层次人才评价的绿色通道,推进职称评审社会化。这种评价方式既能够保证教师的职业道德,又能够保证教师的学术水平和教学能力,有助于提高教师的职业素质和职业竞争力。[②]

随着高职教育的快速发展,高职院校教师的职称评价问题逐渐受到广泛关注。职称评价不仅关系到教师的个人发展,也直接关系到高职院校的教学质量和学术水平。因此,建立一个科学、合理、公正、公平的高职院校职称评价体系,对于促进高职教育的健康发展具有重要意义。

目前,高职院校职称评价体系研究已经取得了一定的进展。一方面,学者们从理论和实践两个层面对职称评价体系进行了深入研究,提出了多种评价模型和方法。另一方面,高职院校也在不断探索和实践职称评价体系的改革,以提高评价的准确性和公正性。

然而,高职院校职称评价体系研究仍存在一些问题和挑战。

首先,高职教育的特殊性和复杂性使得职称评价体系难以完全适用于传统高校的评价标准和方法。因此,需要建立符合高职教育特点的评价指标体系和标准,以确保评价的针对性和有效性。

其次,高职院校教师的职称评价需要充分考虑教学质量、科研成果、社会服务等多方面的因素,如何平衡这些因素的关系,使评价更加公正、公平,也是当前研究的难点之一。

二、高职院校职称评价体系中存在的主要问题

(一)课程改革滞后

随着社会的快速发展和技术的不断进步,高职教育的课程改革已成为其改革的核心。高职教育的目标是培养出具备实践技能和专业素养的

[①] 杨建辉."放管服"背景下广西高校教师职称分类评价体系构建[J].高教论坛,2021(4):13-15+26.
[②] 陈超.河北高校教师职称制度改革和分类评价问题研究[J].中外企业文化,2020(12):193-194.

高素质人才,以满足社会的需求。因此,高职教师在课程开发的过程中,应明确以学生为中心,以技能培养为核心,以职业素养培养为主线,确保各学科之间的衔接有序,从而构建出一个以实践为核心的行动课程体系。

在课程开发的过程中,高职教师需要深入理解行业的需求和趋势,将最新的技术和知识融入课程中,使学生能够掌握最前沿的技能。同时,他们还需要注重培养学生的职业素养,如团队合作精神、沟通能力、创新思维等,以确保学生实现全面的发展。

在教学实施的过程中,高职教师应充分利用信息化教学手段和先进的教学方法,以提高教学质量。例如,通过引入在线课程、模拟软件等信息化教学手段,可以使学生更加直观地理解和掌握知识,提高学习效率。同时,采用项目式学习、案例教学法等先进的教学方法,可以帮助学生更好地将理论知识与实践相结合,提升他们的实践能力和解决问题的能力。

然而,当前高职教育中存在一个普遍的问题,即"学术至上"的评审标准。这种标准导致高职教师将主要精力集中在论文和课题研究上,而忽视了课程开发的重要性。这种倾向使高职课程深陷学科课程体系的泥潭之中,无法真正培养出具备实践技能和专业素养的高素质人才。

(二)忽视教学质量

高职院校作为培养技能型人才的摇篮,其重要性日益凸显。为了更好地完成这一任务,高职教师的角色不可忽视。他们的首要任务是提高教学质量,并通过实践经验为学生提供更为真实、生动的学习体验。然而,在高职教师的考核与职称评定中,我们不得不面对一些问题和挑战。

对高职教师的考核应当全面而细致,包括理论教学和实践教学两部分。理论教学是高职教师的基本功,它要求教师具备扎实的专业知识和清晰的教学思路,能够将复杂的概念和原理深入浅出地传授给学生。实践教学则是高职教育的特色之一,它强调教师的实践经验和动手能力,能够引导学生将理论知识应用于实际操作中。

在现实中,对高职教师的考核往往存在一些问题。以河北省高职院校教授资格评审条件为例,虽然规定了"任现职以来,系统讲授两门以上课程,其中一门为基础课"以及"有两年以上考核结果为优秀"等要求,但对于实践教学的考核却缺乏具体的要求和标准。这样的评审条件虽然在一定程度上保证了教师的理论教学水平,但无法全面反映教师的实践能力和教学质量。

(三)空谈校企合作

随着社会的进步和经济的发展,高职教育的办学模式已经越来越受到人们的关注。作为高职教育的重要一环,校企合作不仅是必由之路,更是推动高职教育发展的强大动力。联盟学校与企业应以双方利益为纽带,构建合作机制,共同促进校企合作的良性发展。

然而,现实中却普遍存在着"学校热、企业冷"的尴尬局面。为什么会出现这样的现象呢?追根溯源,问题的关键在于高职教师不能有效地为企业提供服务。他们的大部分时间和精力都被用于凑齐职称评审标准中要求的项目,而鲜有精力进行专业技术研究、为企业解决技术难题。这种局面不仅限制了高职教师的发展空间,也阻碍了校企合作的深入进行。

(四)重学历轻能力

在高职院校的教育体系中,教师的学历与实际教学能力哪个更重要?这个问题困扰着众多教育工作者。在现实的教育环境中,一个拥有本科学历的教师,即使教学水平高、工作经验丰富,并具备相关的职业技能资格,若缺乏研究生学历,便无法评定为副高职称。一个研究生学历的毕业生,即便其教学能力不尽如人意、缺乏实践经验,甚至不具备相关的职业技术资格,依然能在一毕业就享受中级职称的待遇。这种明显的反差使许多教师不得不将大量的业余时间投入到攻读硕士学位的过程中,忽视了教学水平和实践能力的提高。

学历在一定程度上确实能反映出一个人的学术水平和研究能力。研究生学历通常意味着更深入的专业知识和研究经历,这对于教师的专业发展和学术研究无疑是有益的。然而,也不能忽视实际教学能力的重要性。毕竟,教师的核心职责是教书育人,而非仅仅拥有高学历。一名优秀的教师,不仅应该具备扎实的专业知识,更应该拥有出色的教学技巧和实践经验,能够引导学生发现问题、解决问题,培养学生的创新能力和实践能力。

(五)评审标准不当

高职院校副高以上职称评审是衡量教师教育教学水平和科研能力的重要标准之一,然而在实际操作中,却存在着诸多问题。

首先,高职院校副高以上职称评审一般由省级教育主管部门组织评审,各高职院校只有推荐权。在这种模式下,高职院校内部的推荐意见往往流于形式,职称申报人员的工作成绩透明度不高。由于缺乏实质性的审查和评议,人情成为关键因素,导致评审结果不够公正、客观。因此,需要完善评审制度,加强高职院校内部的评审机制,确保评审过程公开、透明、规范。

其次,高职院校教师参加职称评审的代表作需要统一报送普通高校鉴定。然而,普通高校评审专家对高职院校的培养目标不太了解,对高职院校教师的重点研究方向也不熟悉,导致他们的鉴定结论很难真实地反映高职教师的科研水平。

此外,职称评审考核评价体系不科学、程序不规范也是当前高职院校职称评审存在的问题之一。

(六)缺乏评后约束机制

当前,高职院校的职称评审制度普遍采取评聘合一的模式。在这一模式下,一旦教师成功获得高级职称任职资格,他们便会被学校聘用,并享受相应的工资、津贴和福利。然而,这种制度却带来了一系列问题。许多教师在获得高级职称后,由于已经获得了稳定的待遇和地位,往往会产生一种满足感,认为已经达成了职业目标,丧失了继续前进的动力。这种心态导致他们在科学研究、教学以及社会服务等方面变得懈怠,很难再取得显著的成就。

这种现象的根本原因在于缺乏评后约束机制。现行的职称评审制度允许教师一旦获得高级职称便可高枕无忧,缺乏进一步激发他们工作热情的激励机制。这种一劳永逸的制度不仅扼杀了教师的创造力,还导致了人才的平庸化和功利化。许多教师为了晋级而搞研究,一旦评上职称,便不再关心研究成果的推广和应用,使得科研工作失去了其应有的社会价值。

第三节 高职院校职称评价体系优化设计

随着社会的快速发展和教育的不断进步,高等学校教师职称制度也面临着改革的需求。人力资源社会保障部、教育部印发了《关于深化高等学校教师职称制度改革的指导意见》(以下简称《指导意见》),部署高校教师职称制度改革工作的同时,也为高职院校教师的职业发展指明了新的方向。

第一,师德表现成为评审的首要条件。在过去的高职院校教师职称评审中,往往过于注重科研成果、论文发表等量化指标,导致一些教师忽视了师德的重要性。然而,教师的职责不仅仅是传授知识,更是培养学生的品德和情操。因此,《指导意见》将师德表现作为教师职称评审的首要条件,旨在引导教师更加注重自身的道德修养和教育责任。具体而言,高职院校应建立完善的师德评价体系,将教师的师德表现纳入职称评审的考核范围。评价内容包括教师的教育教学态度、为人师表的形象、关爱学生、遵纪守法等方面。通过客观、公正的评价,选拔出具有良好师德的优秀教师,树立行业典范。

第二,高职院校可根据实际设置新岗位类型和职务。为了适应高职院校自身发展的实际需求,允许高职院校根据自身发展实际,设置新的岗位类型、设置助理教授等职务。这一举措旨在激发教师的创新活力,提高高职院校的办学水平和核心竞争力。高职院校可以根据学科特点、师资队伍结构等因素,设置符合学校发展需要的岗位类型和职务。例如,针对新兴学科和交叉学科,可以设置相应的岗位类型,吸引优秀人才加盟;针对青年教师,可以设立助理教授等职务,为他们提供更多的发展机会和空间。

第三,克服唯论文、唯"帽子"等倾向。过去的高职院校教师职称评审中,往往存在唯论文、唯"帽子"(如各类人才计划入选者)、唯学历、唯奖项、唯项目等倾向。这些倾向导致一些教师过分追求短期成果,忽视了教育的本质和长远发展。

为了克服这些倾向，《指导意见》提出了以下措施。

一、健全职称评价考核机制，促进教师职称评价改革

（一）保持现有岗位类型的总体稳定，有针对性地设置新岗位

在新时代背景下，高等教育作为国家发展的重要支柱，其教师队伍建设尤为重要。为此，健全高职院校教师的制度体系，保持现有岗位类型的总体稳定，并适应新时代教师队伍发展的需要，成为当前高职院校管理工作的重要任务。

目前，高职院校教师的岗位类型主要包括教学为主型和教学科研型等，这两种岗位类型在高等教育中发挥着不可或缺的作用。教学为主型的教师主要负责教学工作，他们通过精心备课、生动授课，培养学生的专业素养和实践能力。教学科研型的教师则在教学的同时，积极开展科学研究，推动学科的发展和创新。这些岗位类型的设置既满足了高职院校教学的需要，也促进了教师队伍的专业化、职业化发展。

然而，随着新时代的到来，高等教育面临着前所未有的挑战和机遇。为了应对挑战，抓住机遇，高职院校需要根据自身的发展实际，设置新的岗位类型。这些新的岗位类型应该紧密结合新时代高等教育的发展趋势，如跨学科研究、在线教育、创新创业等，以满足新时代教师队伍发展的需要。例如，针对跨学科研究的需要，高职院校可以设立跨学科研究岗位，鼓励教师跨越学科界限，开展创新性的研究工作。针对在线教育的兴起，可以设立在线教育岗位，推动教师掌握现代教学技术，提高在线教学的质量。此外，为了适应创新创业的大趋势，还可以设立创新创业导师岗位，鼓励教师指导学生开展创新创业实践，培养学生的创新精神和实践能力。

在设置新的岗位类型的同时，高职院校还需要完善相应的制度体系，确保这些岗位类型能够充分发挥作用。这包括制定科学的岗位设置标准、完善岗位评价机制、建立激励机制等。通过这些措施，可以激发教师的工作热情和创新精神，推动高职教育事业的持续健康发展。

（二）完善评价标准，提升教学质量

在现代教育的发展过程中，完善评价标准成为提升教师队伍素质和教育教学质量的关键。这不仅涉及教师个人发展的问题，更是关系到教育事业整体进步的重要课题。因此，必须严把思想政治和师德师风考核，确保教师队伍的纯洁性和高尚性。

（1）将师德表现作为教师职称评审的首要条件，是提升教师职业道德水平的重要举措。教师的职业道德不仅关系到学生的健康成长，也影响着整个社会的道德风尚。因此，在评价教师时应将师德放在首位，通过严格的考核和评审，确保教师队伍具备高尚的道德品质。

（2）要突出教育教学能力和业绩，推行代表性成果评价。教育教学能力是教师的核心素质，也是评价教师工作业绩的重要依据。通过推行代表性成果评价，可以更加客观地反映教师的教学水平和教育成果，避免唯论文、唯学历、唯"帽子"、唯奖项、唯项目等倾向的出现。

（3）为了更加全面、客观地评价教师，还需要创新评价机制。结合学校特点和办学类型，针对不同类型、不同层次教师，实行分类分层评价。这样可以更好地体现教师的个性差异和专业特长，激发教师的积极性和创造力。同时，完善同行专家评议机制和健全外部专家评审制度也是必要的。同行专家具有丰富的教育教学经验和专业知识，他们的评议能够更加贴近实际，有助于发现教师的优点和不足。而外部专家则可以从更广阔的视野出发，为教师的评价提供更为客观、全面的建议。

（4）探索引入第三方机构进行独立评价也是值得尝试的。第三方机构通常具备更加专业的评价团队和先进的评价技术，可以确保评价的公正性和客观性。同时，第三方评价还能够为学校提供更加全面、深入的教师评价报告，为学校改进教育教学管理提供有力支持。

（三）建立重点人才绿色通道，激发人才活力

在21世纪的今天，人才已成为推动社会进步和经济发展的核心动力。为了激发人才的创造力和活力，必须为他们创造一个良好的成长环境。其中，建立重点人才绿色通道是一项至关重要的举措。

重点人才绿色通道的建立，旨在为那些取得重大基础研究和前沿技

术突破、解决重大工程技术难题,以及在经济社会事业发展中作出重大贡献的人才提供更为宽松和便利的职业发展通道。这意味着,在这些特定领域里表现出色的人才,在申报高级职称时,将不再受到论文数量的限制性要求。这一政策的出台,无疑是对人才创新精神的高度认可和尊重。

那么,为什么我们需要建立这样的绿色通道呢?

首先,要认识到,这些重点人才在各自的领域里,往往具有深厚的理论素养和实践经验。他们的研究成果和创新思维,不仅推动了相关领域的发展,更为国家和社会的进步作出了巨大的贡献。因此,他们在职称评定上应当享有更高的自主权和灵活性。

其次,通过建立重点人才绿色通道,可以进一步激发人才的创造力和活力。在传统的职称评定体系中,论文数量往往被视为衡量一个人才学术水平的重要指标。然而,这种做法忽视了人才在不同领域的独特贡献和创新价值。重点人才绿色通道的设立,将使得人才能够更加专注于自己的研究领域,充分发挥自己的创造力和潜能。

最后,重点人才绿色通道的建立还有助于优化人才结构,提升整个社会的创新水平。通过为这些重点人才提供更为宽松的职业发展环境,可以吸引更多的优秀人才投身于相关领域的研究和创新工作。这将有助于形成一个人才辈出、创新活跃的良好氛围,推动整个社会的科技进步和经济发展。

当然,建立重点人才绿色通道并不意味着对其他人才的忽视。相反,我们应当建立起一个多层次、多元化的人才评价体系,为不同类型、不同层次的人才提供公平的竞争机会和广阔的发展空间。只有这样,我们才能充分激发整个社会的人才活力,为国家和民族的繁荣富强贡献力量。

(四)健全聘期考核机制,激发教师活力

健全聘期考核机制是组织发展中不可或缺的一环,它不仅能够评估教师的工作表现,更是优化组织资源配置、激发教师潜力的关键所在。一个健全的聘期考核机制,应当具备公正、透明、科学的特点,确保考核结果能够真实反映教师的工作能力和贡献,为组织的长远发展奠定坚实基础。

首先,健全聘期考核机制的核心在于将考核结果作为调整岗位和工资的依据。这意味着,教师在聘期内的表现将直接影响其未来的职业发展和薪酬水平。通过这种方式,组织能够激励教师积极投入工作,提高工作效率和质量。同时,根据考核结果调整岗位,有助于实现人力资源的优化配置,让每位教师都能在最适合自己的岗位上发挥最大价值。

其次,完善退出机制是实现人员能上能下、能进能出的重要保障。一个健康的组织应当具备自我更新、自我完善的能力,这就需要通过退出机制来淘汰不适应组织发展的教师,吸引更多优秀人才加入。退出机制的完善,不仅可以避免组织陷入僵化和停滞,还能激发教师的危机意识,促使他们不断提升自身能力和素质。

在实际操作中,健全聘期考核机制需要遵循一定的原则和方法。首先,要确保考核标准的客观性和公正性,避免出现主观臆断和偏见。其次,要采用多种考核方式相结合的方法,如自我评价、同事评价、上级评价等,以全面评估教师的工作表现。此外,还要注重考核结果的反馈和应用,及时与教师沟通,帮助他们认识自己的优点和不足,明确改进方向。

(五)落实自主评审机制,使院校拥有更大的自主权

在深化高等教育改革的背景下,落实自主评审机制,将高职院校教师职称评审权下放至院校,不仅有助于激发教师的工作热情和创新能力,更能促进高职院校的学术发展和人才培养。这一举措的实施,需要高职院校自主制定评审办法、操作方案等评审文件,自主组织评审、按岗聘用,并在这一过程中加强监管,优化服务。

首先,自主评审权的下放意味着高职院校将拥有更大的自主权,能够根据自身的学科特点、教学科研需求以及教师队伍的实际情况,制定符合自身发展需要的职称评审办法。这不仅能够充分体现高职院校的办学特色,更能激发教师的工作热情,提高他们投身教学和科研的积极性。例如,某些高职院校在自主评审权的推动下,针对新兴学科和交叉学科的教师,制定了更具包容性和创新性的评审标准,有效促进了这些领域的发展。

其次,自主评审权的实施要求高职院校自主组织评审、按岗聘用。这有助于高职院校更好地根据自身的学科布局和发展需求,合理配置教师资源,实现人力资源的最优化。同时,通过按岗聘用,可以确保教师的职称评审与其所从事的工作岗位紧密相连,有利于教师的职业发展和高职院校的学科建设。

然而,自主评审权的下放并不意味着放任自流。在这一过程中,加强监管和优化服务同样至关重要。高职院校应建立健全评审监管机制,确

保评审过程的公正、公平和公开。同时,还应加强对评审结果的监督和评估,确保评审结果的科学性和有效性。此外,高职院校还应为教师提供必要的培训和指导,帮助他们更好地理解和适应新的评审制度,提高评审工作的质量和效率。

二、关键在"破",实现"趋同"到"多维"教师职称评价转换

(一)破除"一刀切"的项目计件现象:科研"松绑"与质量升级

在教育综合改革和"双一流"建设这一伟大的征程中,青年教师这一群体的角色与地位显得尤为重要。他们富有激情,勇于创新,是推动教育变革和实现高质量发展的重要力量。然而,令人遗憾的是,在实际的操作过程中,青年教师并没有得到应有的科研支持和投入,这在一定程度上限制了他们的创新能力和发展潜力。因此,要进行科学的职称评价,提升高职院校教师的科研参与情况,调整我国高职院校教师职称评价的刚需战略。

1. 科研项目指标:突破"区隔化"导向与"唯量化"现象

学术条件强调青年教师科研的数量而忽视其质量,甚至规定了科研项目的经费。为了解决这个问题,需要从以下几个方面进行改进。

首先,应建立科学合理的评价指标体系,充分考虑项目的质量、效果和转化情况,而不仅仅是科研数量。

其次,应加强青年教师培养应用的评估,关注科研成果的应用价值和实际效果。此外,应提高学术条件对青年教师科研质量的重视,避免过分强调科研数量。

最后,应加强对青年教师的激励和引导,提高其学术水平和科研能力。

2. 科研项目数据:破"隐形化"模式与"零散化"丰臬

科研项目是一种重要的科研活动,它需要大量的人力、物力和财力投

入。科研项目的数据投入体现了人力、财力的投入,这是优化资源配置的基本要求。然而,在科研项目申请前,必须做一些研究,早期的研究成果更有利于项目申请。这是因为早期的研究成果可以为项目的申请提供有力的支持,帮助项目申请者更好地阐述项目的价值和意义。

然而,在科研项目申请前,项目申请人需要投入大量的时间和精力进行研究,包括查阅文献、收集数据、进行实验,以及人力、物力和财力。这些投入已经计入了科研过程中的成本,不能按规定计入项目资金。这个要求显然不符合经济学的投入产出理论,因为这部分投入和项目的产出是密不可分的。

科研项目资助缺乏透明度、项目数据延迟发布、青年教师申请过程中存在虚假项目数据等问题,这些问题的存在进一步阻碍了绩效评价的发展。科研项目资助的透明度低,可能导致资金的浪费和滥用,影响科研项目的质量。项目数据的延迟发布,可能导致科研项目的进度延误,影响项目的质量和效益。青年教师申请过程中存在虚假项目数据,可能导致科研项目的质量受到影响,影响项目的成果和声誉。

同时,在青年教师参与项目时,由于科研项目是一个创新的研究过程,有些过程不能充分体现,甚至没有完全转化项目效益的项目成果也不能反映在项目数据中。因此,很难说到底在这个项目上投入了多少。这可能导致项目的投入产出比不明确,影响项目的决策和评价。

为了提高科研项目的效率和效益,需要加强对科研项目数据的收集和分析。首先,需要建立科学的项目数据收集和分析方法,确保数据的准确性和完整性。其次,需要加强科研项目资助的透明度,防止资金的浪费和滥用。再次,需要加强对项目数据的发布和管理,确保项目数据的及时性和可靠性。最后,需要加强对项目成果的评价和分析,确保项目成果的质量。

3.科研项目管理:破"分割化"形式与"软执行"制度

当前,我国高校科研管理部门繁多,每个部门都有自己的项目绩效评价管理体系。这些评价体系虽然不尽相同,但总体上都在努力评价项目的实施情况、成果以及经济效益等方面,以确保科研项目的顺利进行。然而,这种多元化评价体系的存在,也带来了一个问题,那就是可能导致高校各院系各自为政。

由于每个院系的评价体系不同,可能会出现评价标准不一致的现象。例如,有的院系可能更注重项目的实际应用,而有的院系可能更注重项目的学术价值。这种现象如果得不到有效管理,可能会导致一些院系选择性地执行评价标准,形成一种"软执行"的管理模式。

"软执行"模式的出现,可能会导致一些科研项目在遴选和评价过程中出现滞后。比如,一些重点项目可能会被资深教师优先选择,而部分青年教师由于工作时间短、学术水平不确定,可能会被排除在外。这种现象,可能会影响科研项目的整体质量,也可能会限制青年教师的学术发展。

此外,"软执行"模式还可能导致科研项目评价向单一化发展。由于各个院系的评价体系不同,可能会出现评价标准的重叠和差异。这种现象,可能会导致一些科研项目评价的重复和单一,使得青年教师的发展不能多方面进行。

针对这些问题,我国高校科研管理部门已经开始采取措施进行改进。例如,一些高校已经开始尝试建立一个统一的项目绩效评价体系,以避免评价标准的不一致。同时,一些高校也开始加强对青年教师的培养和支持,以提高他们的学术水平。

(二)破除"以刊评文"的评价弊端:学术成果的价值厘定

自1980年以来,我国的高校就开始实施一系列激励政策,旨在鼓励高校教师发表SCI(科学引文索引)收录的期刊论文。这一政策的初衷是为了提升我国科研水平,促进学术交流,并激发青年教师和研究人员的科研热情。

为了更有效地推动这一目标的实现,我国的多所高校纷纷制订了各具特色的奖励管理办法。这些办法不仅涵盖了论文发表的篇数,还涉及论文的质量、影响力以及学术价值等因素。这样的政策导向无疑对青年教师和研究人员起到了积极的激励作用。

从我国高校教师评价的发展历程和阶段取向来看,高水平期刊论文一直是学术成就的主要体现。对于青年教师而言,在权威期刊上发表论文不仅是对其学术能力的认可,更是对其职业发展的重要推动。这种尝试往往融合了功利主义和学术理想主义,既追求个人职业发展的利益,又渴望为学术界作出更大的贡献。

然而,以往的科技评价活动中,对高水平期刊论文发表量化指标的过度关注，导致了一定程度的"唯论文"学术评价价值扭曲。这种扭曲不仅偏离了我国青年教师评价体系目标的质量、贡献和绩效导向改革，还可能引发一系列问题。例如，一些研究人员可能过分追求论文数量而忽视论文质量，甚至出现学术不端行为。

因此，为了更好地推动高校教师评价体系的健康发展，需要在激励教师发表高水平论文的同时，注重论文的质量和影响力，以及研究人员的实际贡献和绩效。同时，还应加强对学术不端行为的监督和惩处，确保学术评价的公正性和准确性。

1."以刊评文"："刚性牵引"与"软性价值"

在学术界，有一种现象被广泛讨论，那就是"以刊评文"。这种现象表现为过分关注论文发表的期刊层次和在权威期刊上发表的数量，而忽视了论文本身的内容和质量。这种"唯论文"的现象，不仅可能导致学术造假和学术不端行为，还可能削弱科研活动的本质，使论文异化成为追求个人利益的工具。

然而，在这个问题背后，高校青年教师的专业状况也引起了广泛关注。青年教师与那些在"科研对等"的教师相比，存在明显的分层，这进一步形成了当前的"二元论"青年教师学术生存结构。这种结构不仅影响了青年教师的学术发展，也对整个学术界的健康发展带来了挑战。

对于青年教师来说，论文在权威期刊发表的重要性是不言而喻的。这不仅关系到他们的职业晋升和学术评价，也关乎他们的学术声誉和个人荣誉。然而，也应该看到，过分追求论文的数量和期刊的层次，可能会导致学术质量的下降，甚至引发学术不端行为。

因此，在"破五唯"的大背景下，应该重新审视和调整学术评价体系。一方面，要保证论文的"刚性牵引"产生正常的学术产出率和研究方向。这意味着，应该通过学术论文的形式要求，督促青年教师积极开展学术活动，并产生一定量的学术成果。这有助于提高学术生产速度，推动学术界的进步。另一方面，也需要强调"软性价值"引导的重要性。包括激发青年教师的学术热情和创造力，提升论文的质量要求，以及引领青年教师的"功利"作用逐渐淡化或消除。这样的引导能够使青年教师更加关注学术本身，而不是过分追求个人利益，从而推动学术界的健康发展。

在这个过程中，还需要关注青年教师的学术发展自觉性和内在动力。

只有当青年教师真正热爱学术、热爱科研,才能产生出高质量的学术成果。因此,应该为青年教师提供更多的学术支持和资源,帮助他们提升学术水平,激发他们的学术热情和创造力。

同时,需要通过加强学术规范和学术道德教育,来防范学术造假和学术不端行为的发生。包括建立完善的学术评价体系和监督机制,对学术不端行为进行严厉打击和惩罚,以维护学术界的公平和正义。

2."论文积分":"论文数量"与"学术竞技"

当前,我国的高校学术体系主要是基于"单位共同体"的管理结构,在这样的架构下,高校青年教师的职业发展和学术追求受到了特定环境的影响。尤其值得关注的是,青年教师的学术成长与其所处的学术生态紧密相连,他们对学术环境的细微变化都有着高度的敏感性和适应性。

在全球范围内,"以发表评价文章"的量化趋势已经成为一种风潮,即使是在长期依赖质量而非数量评估的美国研究型大学中,青年教师也不得不面对现实:论文数量正变得与论文质量同等重要。在积累"论文积分"的过程中,在权威期刊上发表论文对青年教师来说,不仅仅是获取更高的评分,更是获得学术界广泛认可的关键。权威期刊论文的发表能够带来一系列的连锁效应,包括增加在其他期刊上发表论文的机会,以及提高个人在学术界的影响力和声誉。

在我国的高等教育体系中,有一个明确的规定,即高校教师每年在权威期刊上发表论文的数量是衡量其学术能力的重要指标。而且,从各大高校近年来推出的教师评价原则中,可以观察到一个显著的趋势,即更加重视在权威期刊上发表论文的数量。这一变化使权威期刊的发表成为青年教师学术发展道路上的重要"加分项"。

由于权威期刊论文对青年教师学术能力的证明作用,许多青年教师都将"四大期刊"作为首选的发表目标。这不仅是因为"四大期刊"在学术界具有极高的声誉和影响力,还因为在我国高校这一"关系型"社会中,"人际关系"对青年教师学术发展的影响不可忽视。青年教师在学术竞争中往往处于"起步"阶段,面临着学术积累相对不足的困境。在这种情况下,他们更倾向于选择那些能够为他们提供潜在支持和声望积累的期刊,而"四大期刊"正是这样的选择。

然而,必须看到,在当前的学术环境中,青年教师面临着诸多挑战。

一些固有的学术裙带关系和小群体利益成为他们脱颖而出的障碍。这些现象的存在不仅打乱了基于资历和圈子关系的学术网络,也为青年教师的学术发展带来了不公平的竞争环境。

　　综上所述,我国高校青年教师的学术成长受到多方面因素的影响。在"以发表评价文章"的量化趋势下,权威期刊论文的发表成为他们学术能力的重要证明。同时,他们也不得不面对学术环境中存在的不公平和挑战。为了改善这一状况,需要进一步完善学术评价体系,营造更加公平、公正的学术环境,为青年教师的学术成长提供更有力的支持。

第七章

高职院校教师绩效薪酬制度

近年来,绩效工资作为一种重要的激励机制,在国内外企业中得到了广泛的应用和研究。对于高职院校而言,绩效工资理论的研究和实践应用尚处于起步阶段,尤其是在"双高计划"建设的背景下,如何优化高职院校绩效工资体系成了一个值得探讨和研究的问题。高职院校需要借鉴国内外一流企业的薪酬管理和绩效考核方法,引入先进的理论,紧紧围绕"双高计划"战略目标,构建更加科学、公正、透明的绩效薪酬体系,以激发教师的创造力和创新精神,推动高职院校的高质量发展。

第一节 薪酬与高职院校教师绩效薪酬研究

一、薪酬简述

(一)薪酬的定义

薪酬是指员工因工作而获得的经济回报和福利的总和。它不仅仅包括基本工资,还包括各种津贴、奖金、社会保险、福利待遇等。薪酬是企业对员工劳动价值的认可和回报,也是吸引和留住优秀人才的重要手段之一。

第七章
高职院校教师绩效薪酬制度

在薪酬的定义中,基本工资是员工薪酬的核心部分,它通常根据员工的职位、工作经验、能力水平等因素来确定。除了基本工资外,企业还会根据员工的工作表现、业绩达成情况等因素给予相应的奖金和津贴,以激励员工更好地完成工作任务。

此外,薪酬还包括各种社会保险和福利待遇,如养老保险、医疗保险、失业保险、工伤保险、住房公积金等。这些福利待遇的提供,不仅能够保障员工的基本生活需求,还能够提高员工的工作满意度和忠诚度,从而为企业创造更大的价值。

(二)薪酬的分类

薪酬是员工为企业工作所得到的回报,它不仅包括基本薪资,还涵盖了各种福利和奖励。薪酬的分类多种多样,每种分类都有其特定的目的和意义。下面将详细介绍几种常见的薪酬分类。

1. 基本薪资

基本薪资是员工薪酬的核心部分,它代表了员工在职位上的价值。基本薪资通常根据员工的职位、工作经验、技能和市场状况来确定。这种薪酬分配保证了员工有稳定的收入来源,同时也为其他福利和奖励提供了基础。

2. 绩效薪酬

绩效薪酬是为了激励员工更好地完成工作任务和提高工作绩效而设立的。这种薪酬分类通常与员工的个人绩效、团队绩效或公司绩效挂钩。当员工达到或超过预期目标时,他们将获得相应的奖金。绩效奖金有助于激发员工的积极性和创造力,促进企业的快速发展。

当谈论绩效薪酬时,不得不回溯到科学管理的奠基人弗雷德里克·温斯洛·泰勒。泰勒在他的时代,提出了实行具有激励性的计件工资报酬制度,这一制度可以说是绩效薪酬的早期形式之一。他坚信,通过绩效差别来决定薪酬的发放和分配,可以激发员工的工作动力,进而提高整个组织的绩效水平。

绩效薪酬,作为一种薪酬制度,其核心理念在于将员工的薪酬与他们的绩效紧密挂钩。这种制度鼓励员工通过提高工作效率、质量和创新性,来获得更高的薪酬回报。同时,绩效薪酬制度也要求组织在薪酬设定和调整时,综合考虑多种因素,如经济发展、政府财政收入、劳动力市场价格等,以确保薪酬制度的公平性和有效性。

在中国,绩效薪酬制度也得到了广泛的应用和推广。《事业单位人事管理条例》对绩效薪酬有具体的定义和规定。该条例强调,绩效薪酬的设定和调整应综合考虑经济发展、政府财政收入、机关单位公务员薪酬水平、劳动力市场价位等各项因素。这一规定不仅体现了绩效薪酬制度的核心思想,也反映了中国政府对事业单位人事管理的重视和关注。

绩效薪酬的结构通常包括基本薪酬、绩效薪酬和福利薪酬等部分。基本薪酬是员工的基本生活保障,绩效薪酬则是对员工工作绩效的奖励,而福利薪酬则是对员工提供的一种额外保障和激励。这种结构的设计旨在通过多元化的薪酬形式,全面激发员工的工作积极性和创造力。

在实施绩效薪酬激励制度时,首先要认识到其积极的一面。绩效薪酬制度是一种有效的激励机制,能够激发员工的工作热情,提高工作效率,进而提升整体生产质量。通过合理奖励绩优者,不仅能够肯定他们的付出和成果,还能够激励其他员工向他们学习,形成积极向上的工作氛围。同时,对绩劣者的合理惩处也能够起到警示作用,促使他们反思自己的工作表现,努力改进。绩效薪酬考核发放过程如图7-1所示。

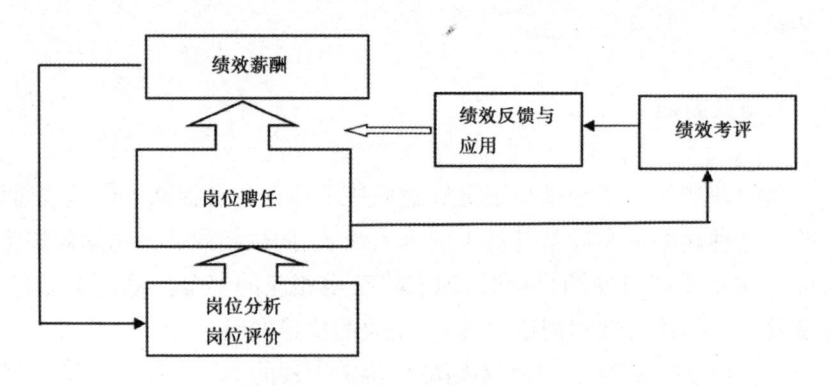

图7-1 绩效薪酬考核发放过程

3. 福利

福利是除了基本薪资和绩效奖金之外的薪酬组成部分，包括社会保险、住房公积金、带薪休假、补充医疗保险、节日福利等。这些福利旨在保障员工的权益和福利，提高员工的生活质量和满意度。良好的福利制度有助于增强员工的归属感和忠诚度，降低员工流失率。

4. 股权激励

股权激励是一种特殊的薪酬形式，通过向员工提供公司股票或股票期权，使员工成为公司的股东。这种薪酬分类旨在将员工的个人利益与公司的长远发展紧密结合，激发员工的责任感和使命感。股权激励通常适用于公司的高级管理人员和核心技术人员。

5. 非物质奖励

非物质奖励是指那些不涉及金钱和物质的奖励形式，如荣誉证书、荣誉称号、晋升机会、培训机会等。这些奖励对于提升员工的自我价值感、成就感和社会地位具有重要意义。非物质奖励能够激发员工的内在动力，使他们更加积极地为公司发展贡献力量。

二、高职教师绩效薪酬

（一）高职教师绩效薪酬的定义

高职教师绩效薪酬是一种将教师的工作绩效与薪酬紧密结合的制度安排。这种制度在 2010 年开始在我国的高校中全面实施，它意味着高职教师的薪酬不再仅仅基于职务、职称等传统因素，而是更多地取决于他们在教学、科研和社会服务等方面的实际贡献。这种薪酬制度不仅体现了"按劳分配"的原则，而且有助于形成良性竞争氛围，促进教师的个人发展和团队协作。

从更广泛的角度来看，高职教师的薪酬并不仅仅局限于货币薪酬，还包括了其他非货币形式的激励，如荣誉证书、学术荣誉、研究经费等。这些非货币激励虽然难以量化，但对于教师的职业发展和精神满足同样具有重要意义。

值得注意的是，不同国家和地区对于绩效薪酬的称谓可能有所不同，如业绩工资、绩效工资、绩效加薪、奖励工资或与评估挂钩的工资等。尽管这些称谓各异，但它们的本质都是将教师的绩效与薪酬挂钩，以激励教师提高工作质量和效率。

(二)高职教师绩效薪酬理论体系

随着我国高等教育综合改革的深入推进，高职教师绩效薪酬改革作为其中的重要一环，仍然处于不断探索与实践的过程中。这一改革触及了教育领域真正的"深水区"，旨在激发高职教师的工作热情，提升教育教学质量，同时也面临着众多理论与实践上的挑战。

高职教师绩效薪酬改革的研究，已经取得了一定的成果。然而，与高职教育的快速发展相比，现有的研究尚未形成系统的理论体系。

第二节　高职院校教师绩效薪酬制度改革面临的主要问题

高职院校绩效薪酬改革的推进需要综合考虑内外部环境的复杂性、教育决策的复杂性以及与其他改革措施的协调性。同时，还需要深入剖析现行工资制度的不足，结合高职院校的岗位特点，逐步建立起科学、公平、有效的绩效工资制度。这一过程虽然充满挑战，但对于推动高职院校的整体改革和提升教育质量具有重要意义。

一、高职教师绩效评价标准和评价主体不明确

高职教育的核心在于培养具备专业技能和实践能力的高素质人才，而教师则是实现这一目标的关键力量。然而，高职教师绩效评价标准模糊和评价主体不明确的问题，长期以来一直困扰着高职教育的改革与发展。这一问题的存在，不仅使教师绩效评价工作难以有效开展，更使得评价结果难以客观、公正地反映教师的实际工作表现和教学水平，严重影响了教师的积极性和工作动力。

第一，评价标准的模糊性。在高职教师绩效评价中，评价标准的模糊性是一个普遍存在的问题。由于缺乏明确、具体的评价标准，评价者往往难以对教师的工作表现进行准确、全面的评估。导致评价结果的主观性和片面性，引发评价过程中的不公平、不公正现象。

第二，评价主体的不明确性。在高职教师绩效评价中，评价主体的不明确性也是一个重要问题。评价主体包括学生、同行、领导等多个方面，但各自在评价中的权重和作用往往缺乏明确的规定。导致评价过程中容易出现混乱和冲突，影响评价结果的客观性和公正性。

二、高职教师绩效考核制度不尽科学

考核标准是形成聘用合同的基础。在签订聘用合同时，双方需要明确教师的工作职责和绩效要求。这些要求通常以考核标准的形式出现，成为衡量教师工作成果的依据。因此，制定科学合理的考核标准至关重要。这些标准应该既具有客观性，又能够反映教师的实际工作情况，同时还应具备可操作性和可衡量性。

然而，现实情况中，很多高职院校的考核制度存在一些问题。一方面，考核标准往往过于笼统，缺乏具体的量化指标，导致评价过程主观性过强，容易出现偏差。另一方面，考核过程中往往缺乏教师的参与，导致教师的实际工作情况无法得到充分反映。此外，一些高校过于强调行政化管理，将教师隔离在业绩标准和考核主体之外，或者在这两个过程中仅对教师授予微不足道的权力。这些做法不仅不利于激发教师的工作积极性，还可能影响教学和科研工作的质量。

三、高职教师工资调整机制不健全

随着社会经济的快速发展,高职教育越来越受到重视,高职教师队伍在培养技能型人才、推动经济社会发展中发挥着越来越重要的作用。然而,当前我国高职教师工资调整机制尚不健全,导致高职教师的工作积极性、工作质量和工作稳定性受到一定程度的影响。具体表现如下。

第一,政策法规不完善。我国现行的《事业单位人事管理条例》《事业单位工作人员工资管理办法》等政策法规,对于高职教师的工资调整机制并未作出明确的规定,使高职教师的工资调整缺乏政策依据,容易导致工资调整的不公平和不合理。

第二,用人单位自主权过大。高职院校的工资分配制度普遍实行"以岗定薪、按绩效发放"的原则。然而,在实际操作中,高职院校往往将工资与职称、职务等因素挂钩,使高职教师的工资调整受到用人单位的制约。这种情况下,高职教师的工资调整机制很难实现公平、公正。

第三,社会评价体系不完善。目前,我国尚未建立完善的高职教师评价体系,导致高职教师的工资调整缺乏科学依据。

第三节 高职院校教师绩效薪酬制度理论体系的建构与实施

一、高职教师绩效薪酬的价值取向

高职教师绩效薪酬目标的价值取向是薪酬设计和管理中至关重要的一环。这一目标的设定不仅关系到高职教师的切身利益,更与高职院校的整体发展和战略目标的实现紧密相连。

(一)体现高职教师的劳动特点

高职教师的劳动特点主要表现为其高度的专业性、实践性和创新性。

因此，高职教师绩效薪酬目标的设定应当充分考虑到这些特点，以体现对高职教师劳动的尊重和激励。

首先，高职院校在功能性质、资源配置、管理方式、用人机制等方面都不同于国家机关的公务员系统。因此，高职教师绩效薪酬目标的设定必须体现高职院校自身的特点，合理设计岗位职责，突出岗位、绩效的激励功能。例如，可以通过设立教学成果奖、科研创新奖等，以奖励在教学和科研方面取得突出成绩的教师，从而激发教师的积极性和创造力。

其次，高职教师绩效薪酬目标的设定还应适应事业单位聘用制和聘期管理的需要。通过合理的薪酬设计和绩效考核，可以激励教师更好地履行岗位职责，提高教学水平和科研能力，进而推动高职院校的整体发展。

（二）与高职院校的发展战略相匹配

高职教师绩效薪酬目标的设定应与高职院校的发展战略相匹配。高职院校的发展战略是其长期发展的指导和规划，是预期达到的对未来发展的总要求。因此，高职教师绩效薪酬目标的设定必须源于高校的发展战略并且支持高校发展战略的实现。

具体而言，高职院校的薪酬战略、薪酬制度与机制、薪酬水平及薪酬的结构与构成都必须与高校的发展战略相契合。例如，如果高校的发展战略是重点发展某一特色专业或提高实践教学水平，那么在绩效薪酬目标的设定上就应该充分体现这些重点方向，通过设立相应的奖励机制，引导教师积极投身于这些重点领域的发展。

此外，高职教师绩效薪酬目标的设定还应考虑到不同发展阶段的需求。在高职院校的不同发展阶段，其发展战略和目标也会有所不同。因此，绩效薪酬目标的设定应随着高职院校的发展阶段而调整，以确保其始终与高职院校的发展战略保持一致。

总之，高职教师绩效薪酬目标的价值取向不仅体现了对高职教师劳动的尊重和激励，更与高职院校的整体发展和战略目标的实现紧密相连。通过合理设定绩效薪酬目标并采取相应的奖励机制，可以激发教师的积极性和创造力，推动高职院校的可持续发展。

二、高职教师绩效薪酬形成机制

（一）基于产出质量的高职教师教学绩效评价机制

教师教学绩效评价作为高职院校教学质量监控的核心环节，对于提升教育和教学质量具有举足轻重的作用。在高等教育规模迅速发展的背景下，社会公众对高职院校教育质量的期待与要求也日益提高。因此，完善的教学评价机制不仅关系到教师的个人成长，更是提高高职院校教育质量的关键。

教学是一个复杂的系统性过程，涵盖了教师教学质量、学生学习效果、课程内容、教学过程和教学技术等多个要素。每一个要素都对教学质量产生深远影响，而教学绩效评价的目的正是要对这些要素进行全面、客观、科学的评估，以便找出存在的问题，提出改进措施，最终实现教学质量的提升。

在高职院校的教育管理实践中，教师教学评价是一项经常性工作。无论是教育评估、教师考核还是职称评聘，教学绩效评价结果都扮演着重要的参考角色。然而，受到传统教育评价惯性的影响，日常教学评价往往更多地关注教学过程本身，而忽略了产出质量的重要性。实际上，教学产出质量才是教学绩效的真正体现，它不仅反映了教师的教学水平，更直接关系到学生的培养质量。

教学绩效不仅包括教师的个人教学行为和方式，更重要的是教学结果。王光彦、李元元等学者指出，高职教师绩效评价是对教师一段时间工作数量和工作质量的评判，旨在帮助教师成长和发展。[1]这一评价过程不仅关注教师已经取得的绩效，还关注那些暂时未取得但未来很有可能取得的绩效。这种综合的价值判断有助于全面、客观地评价教师的教学工作，并为教师的个人发展提供有力支持。

吴振利特别强调了教师绩效评价应该是结果导向的。他提出了结果导向的模糊性评价方法，强调在评价过程中应更多地关注教学结果和学

---

[1] 王光彦,李元元,邱学青,等.高校教师绩效评价指标体系的实证研究与思考[J].中国高教研究,2008（2）:46-49.

生培养质量。[①] 这种结果导向的评价理念有助于引导教师更加关注学生的实际学习效果，将教学重点从单纯的教学过程转向教学产出，从而更好地实现教育目标。

然而，在现有教学绩效评价的研究中，大多数文献主要关注绩效评价的方法创新，如评价主体、评价方法和评价结果分析等方面。尽管有研究者注意到了结果导向的重要性，但还没有涉及教学绩效评价与学生培养质量之间的关联。这种关联性的缺失使现有的教学绩效评价机制难以全面反映教师的教学绩效，也无法为提高学生的培养质量提供有力支持。

因此，未来的教学绩效评价研究应更加注重与学生培养质量的关联性分析。通过深入调查和实践研究，探索出一套既关注教学过程又注重教学产出的综合评价机制，使教师绩效评价更加科学、全面、客观。同时，高职院校也应加强与教学评价研究机构的合作与交流，共同推进教学评价体系的创新与完善，为提高教育质量和培养优秀人才作出更大的贡献。

在现代高职教育中，教学理念和价值观对教学绩效评价的目标起到了决定性的作用。教学绩效评价不仅是衡量教学质量的重要手段，更是提升学生培养质量、优化教学方法的关键环节。这里将从教学绩效评价的目标设定、评价主体的构成和内容安排、评价方法的科学选择以及评价结果的分析与使用四个方面，深入探讨如何构建有效的教学绩效评价体系。

（1）教学绩效评价目标的设定应以提高学生培养质量为核心。以学生为中心的教学理念要求我们在评价过程中，更多地关注教学内容和教学过程的质量，而非仅仅关注形式上的材料检查。这意味着，在评价教师的教案、学生作业和试卷时，应注重其实质内容而非形式上的规范。同时，不同学校和学科之间的教学绩效评价目标应有所区别，以体现各自的特色和优势。因此，制定科学合理的教师绩效评价标准是提高评价质量的前提。

（2）评价主体的构成及其评价内容应得到合理安排。引入多主体参与可以保证评价结果的全面性和公正性。如校内同行评价应注重其在教学内容和教学过程方面的专业评价；学生评价则应侧重于教师是否能够准确讲解知识难点以及传授新知识的能力。此外，为了解决同行评价中

[①] 吴振利．论学生评价高校教师教学绩效的模糊策略[J]．黑龙江高教研究，2006（3）：41-43．

可能存在的相互干扰问题,可以推行网络在线评价,以确保评价的独立性和公正性。

(3)评价方法注重科学性和客观性。传统的现场打分评价方式可能存在评价者之间的相互干扰,导致评价结果失真。因此,可以尝试采用网络在线评价的方式,以确保评价的独立性和公正性。此外,为了避免主观权重分配对评价结果的影响,可以引入非参数评价方法,以降低主观因素对评价结果的影响。同时,考虑到教学过程的特殊性,还应增加模糊评价的内容,以避免完全依赖分数得出综合评价结果。

(4)评价结果的分析与使用是提高教学绩效水平的关键环节。除了参照在校生的评价结果外,还应引入毕业生的评价,以更全面地了解教师的教学质量和效果。同时,教学管理部门应将评价结果作为教师奖惩的重要依据,以激励教师积极参与教学评价和教学改革。只有将绩效评价真正用于管理过程,才能有效提高教学管理水平与效率。

(二)高职教师教学绩效评价主体与评价内容的选择

高职院校的教学绩效评价是教学质量监控中的核心环节,它不仅关系到学生培养质量的高低,更是教育管理部门对学校教学质量进行监控和评估的重要手段。随着高职院校的大规模扩招,毕业生培养质量的问题逐渐显现,引发了社会各界的广泛关注。为了改变这一现状,各级教育管理部门开始将焦点转向教学绩效评价工作,力求通过科学、合理的评价机制,提高高职院校的教学质量。

教学绩效评价通常是由学校的教学管理部门主导,通过专门的教学管理机构和教学单位具体组织实施。在这一过程中,评价主体多元化,包括教学管理人员、资深教师、行政管理人员、部门同事以及学生等。评价内容也涵盖了教学的各个环节,如教学准备、教学内容、课堂讲授、辅导答疑、作业布置与批改、试卷命题等。每位教师最终的教学绩效评价结果是通过各评价主体的评价结果加权求和得出的。

然而,在实际操作过程中,教学绩效评价面临着诸多挑战。首先,由于评价主体关注的内容和评价标准存在差异,很难保证评价结果的客观性和公正性。例如,教学管理人员可能更注重教学管理的规范性,而资深教师则可能更看重教学内容的深度和广度。这种差异可能导致评价结果出现偏差,难以真实反映教师的教学水平。

其次，完全数字化的评价结果容易让教师过于关注评价分数，而忽视教学质量的本质。在这种情况下，教师可能会为了追求高评价分数而采取一些表面上的措施，如增加作业量、提高课堂活跃度等，但这些措施并不一定能够有效提高学生培养质量。为了应对这些挑战，需要重新思考教学绩效评价的主体构成和评价内容。

1. 目前的评价主体和评价内容

在我国高职院校中，教学绩效评价是一个持续受到关注的重要议题。目前，主要存在四类教学绩效评价模式，这些模式各具特色，评价主体和评价内容也各不相同。

（1）以学生评价为主的单一评价主体模式，其评价内容主要涵盖教学质量、课堂管理、教学效果等方面。学生是教学活动的直接接受者，他们参与完整的教学过程，因此他们的评价具有较强的客观性。然而，由于学生的评价可能受到个人喜好、学习态度等多种因素的影响，因此也可能存在系统性偏差。例如，当教师选择的教材难度较高，课堂要求严格时，可能会导致大部分学生给教师较低的评价分数。

（2）以学生和专家为评价主体的二维模式，旨在通过引入专家评价来弥补学生评价的不足。专家一般由教学水平、学术水平较高的教师担任，他们的评价内容主要集中在教学准备、教学内容和讲授水平等方面。通过将学生评价与专家评价相结合，可以更全面地了解教师的教学水平和能力。

（3）以学生、专家和领导为评价主体的三维模式，将领导的评价也纳入考虑范围。领导评价主要涉及对教师参与日常教学工作的评价，如是否积极承担教学任务、教学效果如何等。领导评价对教师的个人发展具有较为直接的影响，因此，在评价过程中需要谨慎处理，避免影响过于放大。

（4）以学生、专家、领导以及教师自评的多维模式，是一种较为全面的评价模式。教师自评可能得到偏高的评价结果，因为教师可能对自己的教学工作持有更高的期待和标准。因此，在进行综合评价时，需要合理考虑教师自评的结果，避免过度依赖或忽视。

在上述四类评价主体中，学生评价一般具有较强的客观性，但也可能存在系统性偏差；专家评价可以有效弥补学生评价中的不足；领导评价对教师的个人发展具有较为直接的影响，需要谨慎处理；教师自评则可能给出偏高的评价,需要合理考虑。

为了更准确地评价教师的教学绩效,可以采取以下措施:首先,可以综合运用多种评价主体和评价方法,以获取更全面、客观的评价结果;其次,可以加强对评价过程的监督和管理,确保评价的公正性和准确性;最后,可以建立科学的奖惩机制,激励教师不断提高教学水平,促进高职院校教学质量的整体提升。

2. 教学绩效评价中的主体选择

在教学绩效评价中,不同评价主体对教学的感受存在显著差异,完全采用定量评价方法进行简单加总难以得出客观评价结论。为了更全面地评估教学绩效,需要深入分析各个评价主体的特点和作用。

(1)学生评价是教学绩效评价中不可或缺的一部分。尽管有些教师对学生直接参与教学评价的态度持否定态度,但学生的评价对于了解教学效果具有独特的作用。学生是教学过程的直接参与者,他们可以通过对整个课程的感受对教师做出评价。这些评价涵盖了教学过程是否清晰、有趣,教学准备是否充分,课堂管理是否认真,以及教师在考核中是否公平等方面。相对于其他评价主体,学生评价具有更高的可信水平,因为他们的评价是基于实际的学习体验和感受。此外,学生评价还能够反映教师在多大程度上影响了他们对课程的态度、学习课程的积极性以及他们的自信心。因此,学生评价应该作为评价教师教学绩效的一个重要方面。

(2)专家评价在教学绩效评价中也具有重要地位。专家通常具有丰富的教学经验或较高的学术水平,能够对教师教学内容的学术水平、授课能力、课堂控制等进行更加专业的评价。专家评价可以弥补学生评价中对课程学术水平评价的不足,提供更为全面和深入的评估结果。然而,专家评价也存在一定的局限性。一方面,专家自身的学科或经验限制可能导致评价结果的偏差。例如,让一位历史学教授来评价一门工程技术专业课程的学术水平可能会存在很大的困难。另一方面,专家评价通常是基于少量几次课堂体验得出的结论,这可能导致评价结果的片面性。因此,在利用专家评价时,需要充分考虑其优缺点,并与其他评价主体的评价结果进行综合考量。

(3)同事评价也是教学绩效评价中的一个重要方面。同事通常对教师的学术水平和工作努力情况有更多了解,因此他们的评价具有一定的参考价值。然而,同事评价也存在一些问题。教师在评价中可能存在相互影响,为了照顾同事之间的关系而给出过高的评价。教学安排中可能存在时间冲突,导致教师无法亲身体验所有同事的课堂,从而影响评价的客观性。同事评价通常是基于单次课堂观察得出的结论,这可能导致评价结果的片面性。因此,在利用同事评价时,需要采取适当的措施来减少其局限性,如加强评价者的培训、提高评价的透明度等。

(4)自我评价也是教学绩效评价中的一个重要环节。教师自我评价主要用来评价教师自己的工作努力投入程度和对教学内容的理解。虽然自我评价具有一定的主观性,但它可以帮助教师反思自己的教学过程,发现自己的不足之处,从而不断改进教学方法和提高教学效果。然而,需要注意的是,教师自我评价结果不宜直接作为定量评价的依据加入总体评价结果中。因为自我评价往往存在自我美化的倾向,可能导致评价结果的失真。因此,在利用自我评价时,需要与其他评价主体的评价结果进行综合考量,以确保评价结果的客观性和准确性。

3.不同主体的评价内容选择

在当前高等教育体系中,教学绩效评价是一个多维度、复杂而重要的任务。它关乎着教育质量的提升、教师的专业发展以及学生的成长。为了实现全面、客观和公正的教学绩效评价,需要从多个主体和维度出发,构建一个科学、合理的评价体系。

首先,学生参与教学评价是提升教育质量的关键环节。学生的直接参与不仅能反映教学过程的实际效果,还能为教学改进提供宝贵的反馈。除了对课程内容、教学方法和考试难度的评价外,学生评价还应关注教师的指导性教学。包括教师是否介绍了相关领域的前沿知识、发展趋势,是否能够引导学生掌握先进的学习和研究方法,以及是否能够为学生提供更多的研究思路等。通过增加对课堂之外教学内容的评价,可以激发教师的教学创新,进而提升学生的学习能力和创新能力。

其次,专家和同事的评价对于教学绩效的评估也至关重要。由于专业领域的差异,评价专家可能面临对非专业领域教师进行评价的挑战。因此,在安排教学评价专家时,应根据学科相关性进行合理配置,同时增加相同教学单位的同事参与评价,以实现专家评价与同事评价的有效结合。在评价内容方面,评价者应重点关注教师的能力表现,如课堂掌控力、课程准备充分度以及考核的合理性等。此外,课堂气氛的活跃程度虽然重要,但不应成为评价的主要标准。

最后,教师的自我评价也是教学绩效评价不可或缺的一环。教师自我评价不仅能反映其教学态度和教学目标的实现情况,还能为教师自我改进提供依据。然而,由于自我评价可能存在的主观性,需要增加计量指标以降低主观性对评价结果的影响。同时,教师自我评价也应与其他评价主体的评价相结合,以形成全面、客观的评价结果。

在我国高职教师绩效薪酬制度改革的背景下,教学绩效评价体系的重构显得尤为重要。借鉴发达国家和地区的先进经验,结合我国高职教育的实际情况,构建以产出质量为目标的教学绩效评价体系是当务之急。这要求我们设定科学合理的评价目标,选择合适的评价主体和评价内容,采用科学的评价方法得出最终评价结论。同时,还需要关注当前高职教育中人事和薪酬制度改革所面临的困难,如教师聘用制度的不完善、去行政化进程的缓慢、收入分配中的平均主义思想以及绩效考核制度的不科学等。这些问题的解决需要与其他人事管理制度改革的配合,共同推动高职教育的健康发展。总之,教学绩效评价是一个涉及多个主体和维度的复杂过程。通过构建科学、合理的教学绩效评价体系,发挥不同评价主体的优势,可以实现全面、客观和公正的教学绩效评价,进而提升教育质量、促进教师专业发展以及培养学生的创新能力。同时,还需要关注高职教育中的人事和薪酬制度改革,为教学绩效评价的顺利推进提供有力保障。

第四节 "双高计划"背景下高职院校绩效薪酬体系优化策略研究

一、"双高计划"背景下优化高职院校绩效工资体系的意义

（一）理论意义

自国内高职院校实行绩效工资改革以来，其实际效果及优化方向成为教育管理与经济学领域研究的热点。然而，在学术界对于绩效工资制度的探索中，高职院校的情况并未得到充分关注，尤其是与本科院校的对比中，显得相对滞后。这种忽视可能导致高职院校绩效工资体系的建设缺乏针对性和实效性，无法满足高职院校独特的发展需求和战略目标。

本科院校与高职院校虽然在某些方面具有共性，但二者在教育定位、教学资源、师资构成以及培养目标等关键领域存在显著差异。本科院校往往注重学术研究，而高职院校则更加注重职业技能培训和实践能力的培养。因此，本科院校的绩效工资研究成果，尽管具有一定的参考价值，但不应被直接套用到高职院校中。这好比一双鞋子，尽管码数相同，但由于设计、材质等因素，不一定适合所有人的脚。

本节选择"双高计划"建设单位——江苏工程职业技术学院为案例，深入剖析其在"双高计划"战略目标指引下，如何通过绩效工资的杠杆作用，以改革为动力，优化原有的绩效工资体系。这一研究不仅有助于揭示高职院校绩效工资体系优化的必要性，还能够为其他同类院校提供可借鉴的经验。

（二）应用价值

江苏工程职业技术学院（以下简称"江苏工院"）作为"双高计划"的

重要建设单位,其绩效工资制度的实施对于保障和促进该战略目标的实现具有重要意义。自 2013 年正式执行绩效工资制度以来,江苏工院在绩效分配上采取了与工作业绩挂钩的方式,使得教职工的整体收入有了明显增长,这在一定程度上激发了教职工的工作积极性。然而,在改革实施过程中,仍存在一些亟待解决的问题,如绩效考核评价不够科学合理、绩效工资激励导向作用不突出等,这些问题不仅影响了教职工的工作积极性与身份认同感,也在一定程度上制约了学校的高质量发展。

首先,从教育部、财政部印发《关于实施中国特色高水平高职学校和专业建设计划的意见》的文件来看,对于绩效工资制度提出了明确要求:"创新教师评价机制,建立以业绩贡献和能力水平为导向、以目标管理和目标考核为重点的绩效工资动态调整机制,实现多劳多得、优绩优酬"。① 这一要求明确指出了绩效工资制度的核心目标和导向,即要以业绩贡献和能力水平为基础,通过科学的目标管理和考核来实现绩效工资的动态调整。这不仅有助于激发教职工的工作热情,提高教育教学质量和科学研究水平,更是保障和促进"双高计划"战略目标实现的关键所在。

其次,江苏工院作为"双高计划"的重要参与者,其绩效工资制度的改革不仅关乎学校自身的发展,更对其他高职院校具有借鉴意义。作为"高职界的双一流",该计划旨在培养一批具有中国特色、支持发展、引领改革、世界水平的高等职业学校和专业,打造技术技能人才培养高地和技术技能创新服务平台。在这一过程中,绩效工资改革作为最核心的环节,是实现"双高计划"的基础动力。因此,通过对江苏工院绩效工资制度的研究和改革,可以为其他高职院校提供有益的借鉴和参考。

针对现阶段高职院校绩效工资体系中存在的问题,本节进行了深入的探究和分析,并提出了相应的优化方案和改革举措。

首先,在绩效考核评价方面,应该更加注重科学合理性和公平性,避免出现主观臆断和人为因素的影响。同时,还需要根据不同岗位和职责的特点,制定更加具体、可操作的考核标准和方法。

其次,在绩效工资激励导向方面,应该更加突出业绩贡献和能力水平的重要性,通过合理的薪酬分配机制来激发教职工的工作热情和创造力。此外,还需要建立健全目标管理和考核机制,实现绩效工资的动态调整和

---

① 教育部.财政部.关于实施中国特色高水平高职学校和专业建设计划的意见[EB/OL].中国政府网.

优化配置。

总之,通过对江苏工院绩效工资制度的改革和优化,不仅可以激发教职工的工作热情和提高教育教学质量,更能为其他高职院校提供有益的借鉴和参考。同时,这也是保障和促进"双高计划"战略目标实现的重要举措之一。

二、高职院校绩效工资改革的基本原则

(一)多劳多得、优绩优酬

随着社会的快速发展和教育改革的不断深化,高职院校绩效工资体系的改革已成为提升教职工工作积极性、促进学校发展的重要举措。科学合理地制定岗位职责和岗位任务,将实际收入与工作业绩紧密挂钩,不仅体现了高职院校绩效工资体系的公平性,还能够有效激发教职工的潜能,推动学校的可持续发展。

1. 明确岗位职责和任务

高职院校应当根据学校的整体发展规划和各个岗位的特点,科学合理地制定岗位职责和任务。要求学校在岗位设置时,充分考虑教职工的专业能力、工作经验和个人特长,确保每个岗位都有明确的职责范围和工作目标。同时,学校还应定期对岗位职责和任务进行评估和调整,以适应教育教学的变化和学校发展的需要。

2. 建立与工作业绩挂钩的薪酬体系

为了提升教职工的工作积极性,高职院校应当建立与工作业绩紧密挂钩的薪酬体系。要求学校在制定绩效工资标准时,充分考虑教职工的工作表现、工作量和工作成果等因素,确保教职工的收入与他们的付出成正比。同时,学校还应设立奖励机制,对在工作中取得突出成绩的教职工给予相应的奖励,以激励他们继续努力工作。

3. 体现绩效工资体系的公平性

高职院校绩效工资体系的改革，必须充分体现公平性。高职院校在制定薪酬标准和分配机制时，要遵循公平、公正、公开的原则，确保每个教职工都能够根据自己的工作表现获得相应的回报。同时，学校还应关注不同岗位类别人员的利益，避免出现内部矛盾和不公平现象。

4. 兼顾不同岗位类别人员的利益

高职院校的教职工涵盖了教学、科研、管理等多个岗位类别。在绩效工资体系的改革中，学校应当充分考虑不同岗位类别人员的特点和需求，确保他们的利益得到兼顾。例如，对于教学岗位的教师，学校可以根据他们的教学质量、学生评价等因素制定薪酬标准；对于科研岗位的教职工，学校可以根据他们的科研成果、项目经费等因素制定薪酬标准。这样既能体现绩效工资体系的公平性，又能激发不同岗位类别教职工的工作积极性。

5. 强化绩效考核和评价机制

为了确保高职院校绩效工资体系的改革落地生效，学校还需加强绩效考核和评价机制的建设。要求学校制定科学、合理的绩效考核标准和方法，定期对教职工的工作表现进行评价和考核。同时，学校还应建立反馈机制，及时向教职工反馈考核结果和建议，帮助他们了解自己的工作表现和不足之处，并制定改进措施。

（二）分层管理、目标考核

在当今社会，随着科技的迅速发展和全球化竞争的加剧，高等教育机构面临着前所未有的挑战。为了应对这些挑战，提升教育质量和办学效率，各级教育机构都在不断探索和创新管理模式。其中，强化激励机制和目标考核机制，深化二级管理，降低管理重心，以及给予各个院系自主分配的主动权，成为许多高校改革的重点。

（1）强化激励机制是提升办学活力和部门主动性的关键。通过建立科学合理的激励机制，可以激发教职工的工作热情和创造力，推动他们更加积极地投入到教学和科研工作中。例如，可以设立教学奖励、科研奖励、创新奖励等，对在教学和科研方面取得突出成绩的教职工给予物质和精神上的双重奖励。同时，还可以建立竞争机制，鼓励教职工之间进行良性竞争，形成积极向上的工作氛围。

（2）目标考核机制是确保办学质量和效率的重要手段。通过设定明确、可量化的目标，并对目标的完成情况进行定期考核，可以确保各部门和单位的工作有序进行，避免出现工作懈怠和敷衍了事的情况。同时，目标考核机制还可以帮助教育机构及时发现问题和不足，从而有针对性地进行改进和优化。

（3）深化二级学院管理、降低管理重心是提升办学质量的重要途径。通过减少管理层级，缩短决策链条，可以使决策更加迅速、灵活，更好地适应外部环境的变化。同时，给予各个院部自主分配的主动权，可以让院部更加自主地安排教学和科研工作，充分发挥各自的特色和优势。

（4）各部门和单位享有二次分配的权力，是激发办学活力和部门主动性的重要保障。通过赋予各部门和单位一定的经济分配权，可以让他们更加自主地分配资源，更好地满足教学和科研的需求。同时，二次分配还可以激发各部门和单位之间的竞争意识，推动他们不断提升自身的综合实力。

(三)质量导向、提高效率

高职院校作为教育体系的重要组成部分，承担着为社会培养高技能综合型人才的重要使命。其教学目标不仅关注学生的知识掌握程度，更注重学生实践能力和综合素质的培养。因此，专业教学质量成为衡量高职院校办学水平的重要指标，也是绩效工资分配的重要依据。

在专业教学质量的保障上，高职院校需要注重常规工作的落实，如教学计划、课程设置、教材选用、课堂教学等。这些工作的规范化、科学化和有效性，是确保教学质量的基础。同时，高职院校还需要加大对体现学校高质量发展成效的突出业绩的奖励，以激励教师和学生更好地实现教学目标。这种奖励不仅可以体现在绩效工资上，还可以通过荣誉称号、奖学金等形式予以表彰，从而更好地提高资金使用效益。

为了更好地实现教学目标，高职院校还需要不断加强对教学质量的管理和监控。包括建立科学的教学质量评估体系，定期开展教学质量检查和评估，及时发现和解决教学中存在的问题。同时，高职院校还需要加强与企业的合作，了解行业发展趋势和市场需求，及时调整教学内容和方式，使教学更加贴近实际、更加具有针对性。

（四）平衡收支、总量控制

随着高职院校绩效工资改革的逐步深入，学校财务分配体系正在经历一场前所未有的变革。这一变革不仅重塑了学校的收入分配格局，还进一步激发了教职工的工作热情，提升了整体教学质量。在新的分配体系下，总量收入分配与学校财力水平相匹配，确保了资源的合理分配和高效利用。

首先，绩效工资改革的实施，使得教职工的基本收入得到了显著提升。这一改革旨在打破传统的"大锅饭"分配模式，建立起以绩效为导向的分配机制。通过科学、公正的绩效考核，教职工的收入与其工作表现紧密相连，从而激发了大家的工作积极性和创造力。同时，学校还通过提高教职工的基本收入，确保了他们的生活水平不断提高，为学校的稳定发展奠定了坚实基础。

其次，学校在提高教职工基本收入的同时，还应注重保持与省内同类院校薪资的竞争力。这意味着，学校不仅要确保教职工的收入高于国家规定标准，还要在政策允许的范围内，努力提升教职工的整体收入。通过这一举措，学校吸引了更多优秀人才的加入，提高了整体师资水平，为培养更多高素质技术技能人才提供了有力保障。

最后，随着绩效工资改革的推进，学校还逐步建立起了一套完善的收入分配监督机制。这一机制旨在确保绩效工资的公平、公正和公开，防止出现分配不公、权钱交易等问题。通过加强监督和管理，学校确保了绩效工资的发放与教职工的实际贡献紧密挂钩，进一步激发了大家的工作热情和责任感。

（五）兼顾公平、协调发展

高职院校作为培养高素质技术技能人才的重要基地，其内部教职工的岗位多种多样，涵盖了教学、科研、管理、服务等不同领域。每个岗位都有其独特的工作特征，教职工的能力要求、职责范围、工作压力等方面都存在差异。因此，在高职院校绩效工资改革中，针对不同岗位的特点，制定合理的收入分配办法，协调各类队伍之间的关系，显得尤为重要。

首先，明确不同岗位的工作特征。教学岗位的教师需要承担授课、科研、学生指导等多项任务，工作压力较大，但同时也具有较高的社会地位和声誉。服务保障岗位的工作人员则需要提供各类后勤保障服务，工作相对稳定，但发展空间较小。管理岗位的教职工则需要负责学校的日常管理工作，需要具备较高的组织协调能力和沟通能力。针对这些不同岗位的工作特征，应采取不同的收入分配办法。对于教学岗位的教师，应该注重绩效激励，将教学质量、科研成果、学生满意度等因素纳入绩效考核体系，并根据绩效考核结果给予相应的薪酬奖励。对于服务保障岗位的工作人员，应该注重稳定收入，保障其基本生活需求，并提供一定的职业发展机会。对于管理岗位的教职工，则应该注重能力评价，根据其工作表现和管理能力给予相应的薪酬和晋升机会。

其次，协调教师队伍、服务保障队伍和管理队伍之间的关系。教师队伍是学校的核心力量，需要得到充分的支持和保障。服务保障队伍则是学校运转的基础，需要与教学队伍紧密配合，确保教学工作的顺利进行。管理队伍则需要发挥其组织协调作用，促进学校各项工作的有序开展。在绩效工资改革中，需要确保各类队伍之间的利益平衡，避免出现过度竞争或利益冲突的情况。

最后，为了促进高职院校绩效工资改革的协调发展，还需要加强沟通与协作。各类岗位的教职工应该共同参与绩效工资改革方案的制定和实施过程，充分表达自己的意见和建议。学校管理层也应该积极倾听教职工的声音，及时调整改革方案，确保改革能够真正符合广大教职工的利益和期望。

（六）合法合规、严格管理

在当前的教育环境中，严格遵守上级政策规定，规范学校财务管理和收入分配秩序显得尤为重要。这不仅关系到学校的正常运转，更直接关系到广大师生的切身利益。因此，必须以高度的责任感和使命感，确保各项收入分配工作公开、公平、规范、有序。

首先，严格遵守上级政策规定是确保学校财务管理规范化的基础。学校作为培养人才的摇篮，其财务管理必须符合国家法律法规和上级政策的要求。这要求我们在日常工作中始终坚守红线，不触碰法律底线，确保学校财务活动的合法性和合规性。

其次，规范学校财务管理和收入分配秩序，对于促进学校的和谐稳定和发展至关重要。财务管理是学校工作的重要组成部分，关系到学校的经济命脉。通过建立健全的财务管理制度，规范收入分配秩序，可以有效避免财务漏洞和腐败现象的发生，为学校创造一个风清气正的发展环境。

最后，公开、公平、规范、有序的收入分配工作是维护广大师生权益的重要保障。教育资源的分配关系到每个学生的成长和未来，也关系到教职工的切身利益。因此，在收入分配过程中，必须坚持公开透明的原则，确保资源分配的公平性和合理性。同时，加强对收入分配工作的监督检查，严肃分配纪律，防止任何形式的滥用职权和权力寻租行为。

为了实现上述目标，需要从以下几个方面着手：一是加强制度建设，完善学校财务管理和收入分配的相关制度，确保各项工作有章可循；二是强化宣传教育，提高全体师生对财务管理和收入分配的认识和理解，营造良好的工作氛围；三是加强监督检查，建立健全内部审计和财务监督机制，及时发现和纠正存在的问题；四是严肃分配纪律，对违反规定的行为进行严肃处理，确保收入分配工作的公正性和严肃性。

三、江苏工院绩效工资体系优化的对策

紧密围绕"双高计划"这一国家战略的总体目标，江苏工院作为重要的参与者，正面临着前所未有的发展机遇与挑战。为了更好地适应这一形势，提升高职院校的竞争力和综合实力，优化现有的绩效工资体系显得尤为重要。下面将从几个方面探讨如何优化江苏工院的绩效工资体系，以更好地服务于高职院校的战略发展。

（一）完善奖励性绩效工资的构成

根据学校的办学特色，结合国家的相关规定和省内同类院校的奖励性绩效分配标准，学校建立了一种以定量考核为基础的工作量津贴和专项工作津贴相结合的奖励性绩效分配模式。这种模式旨在激励全体教职

工积极投身教学和科研,提高学校整体办学水平和竞争力。

(1)工作量津贴的发放以定量考核为基础,这体现了学校对教职工工作质量的重视。为了更加科学、公正地评价教职工的工作量,人事处会同教务处、科技处共同修订完善了工作量津贴的计算办法。新的计算办法更加注重关键指标和重大成果的奖励,旨在引导教职工在教学和科研中追求卓越,为学校的发展做出更大的贡献。

(2)专项工作津贴的设立则紧密围绕学校的发展和改革重点任务。这些重点任务被分解为若干个子项目,每个子项目都围绕当年度的发展和改革目标进行动态管理。例如,学校实施的"双高计划"建设工作专项绩效奖励,就是由学校质量监管办公室(双高办)协同学校高质量发展考核办公室将双高建设年度任务纳入相关部门年度工作目标任务。这种奖励方式不仅有助于激发教职工参与"双高计划"的积极性,还能推动相关部门在建设和改革中发挥更大的作用。

(3)学校严格按照《部门绩效考核实施办法》的要求进行考核。考核内容涵盖了项目建设的任务分解落实情况、年度任务完成情况、预算资金执行情况、绩效目标达成情况、项目管理情况,以及标志性成果、多元投入、责任事故等多个方面。这种全面的考核方式有助于确保教职工在教学和科研中的工作质量和效果。

(4)学校在年度考核结果的评定上十分严格。考核结果分为通过、暂缓通过两类,80分(含)以上为通过,且得分在90分(含)以上为优秀,80分及以下为暂缓通过。这种评定方式既体现了学校对教职工工作的高要求,也确保了奖励性绩效分配的公平性和公正性。

(5)在奖励金额的确定和发放上,学校充分考虑了各工作小组的业绩完成情况和学校年度事业收入的实际水平。由双高建设领导小组根据这些因素确定奖励金额,并按照多劳多得、优绩优酬的原则进行发放。这种奖励方式不仅体现了学校对教职工辛勤付出的认可,也激发了教职工在未来的工作中更加努力的动力。

总之,学校建立的这种以定量考核为基础的工作量津贴和专项工作津贴相结合的奖励性绩效分配模式,既体现了学校对教职工工作的重视和认可,也激发了教职工在教学和科研中的积极性和创造力。这种模式不仅有助于提升学校整体办学水平和竞争力,也为学校的长期发展奠定了坚实的基础。

(二)不断优化教师绩效考核评价考核制度

构建科学、合理的绩效考核评价制度,是实施绩效工资政策的核心环节。这一制度的完善不仅关乎教师的个人发展,更对学校整体的教学质量、科研水平以及长远发展产生深远影响。因此,必须充分认识到绩效考核评价制度的重要性,并在实践中不断完善和优化。

首先,要深入了解学校不同学科专业的差异和特性。高职院校作为与产业对接的教育机构,其专业设置广泛且各具特色。若对所有专任教师实行统一的评价指标和标准,将难以体现各学科的独特性和教师的专业优势。因此,在制定绩效考核评价指标时,应充分考虑各学科的特点和教师的实际情况,确保评价指标的针对性和有效性。

其次,要关注教师类别的差异。在高职院校中,教师岗位类别多样,包括教学型、科研型、教学科研型等。不同类别的教师在教学和科研任务上承担的责任和期望成果也有所不同。因此,在构建绩效考核评价制度时,应根据教师的岗位类别和层次,制定相应的评价标准。这样既能体现公平性和公正性,又能激发教师的积极性和创造力。

最后,还需要摒弃一些不合理的评价观念。过去,一些学校过于注重论文发表、科研项目等"硬件"指标,忽视了教师品德、教学质量等"软件"因素。这种片面的评价方式不仅不利于教师的全面发展,也影响了学校的教学质量和声誉。因此,在构建绩效考核评价制度时,应综合考虑教职工的行为、品德、业绩水平、知识内涵等各方面要素,实施多维度的绩效考核评价。这样既能体现绩效考核制度的科学性和合理性,又能促进教师的全面发展和提升。

(三)构建均衡合理的各类人员绩效考核标准

高职院校的教职工队伍庞大且多元化,涵盖了专任教师、管理人员、工勤人员以及其他专技人员等多个工种。在构建和优化高职院校绩效工资体系时,必须全面考虑不同工种之间的平衡协调关系,以满足各岗位对绩效工资的个性化需求。这一体系的构建,旨在激励教职工发挥更大的潜力,同时维护学校的稳定与发展。

在教学一线奋斗的专任教师,无疑是高职院校教职工队伍的主体力量。他们承担着繁重的教学任务，为学生传授知识、技能和人生智慧。因此，绩效工资分配应向一线教师倾斜，以充分体现其劳动价值。当然，这并不意味着忽视其他工种的重要性。管理人员、工勤人员和其他专技人员同样为学校的正常运转和发展作出了巨大贡献。他们的工作虽然与一线教学有所不同，但同样需要得到应有的认可和回报。

为此，高职院校应建立与之相应的、完善的绩效考核体系，实行多劳多得、优绩优酬的原则。这一体系应充分体现绩效考核的激励作用，使教职工的实际收入水平与工作业绩成正比。通过这一体系，不仅可以激发教职工的工作热情和创造力，还可以增强他们的获得感和成就感。同时，高职院校还应注意避免因过大的收入差距影响到学校内部的稳定。过大的收入差距可能导致教职工之间的不满和矛盾，进而影响到学校的整体氛围和发展。因此，学校在制定绩效考核与分配制度时，应根据不同岗位的特点和需求，制定个性化的制度，确保各类人员都能得到公平合理的回报。

(四)制定多样化的绩效分配办法

随着高职院校改革的不断深化，其发展方向逐渐明确，旨在培养更多高素质技术技能人才，服务于区域经济的发展。在这一背景下，制定多样化的绩效分配办法，吸引更多高层次人才参与到高职院校的建设中来，显得尤为迫切和必要。

高职院校作为高层次人才的聚集地，其绩效分配办法应当灵活多样，以满足不同人才的特殊需求。除了传统的月薪制，还可以考虑采用项目工资、兼职工资、协议工资、年薪制等多种薪酬形式。这种多元化的薪酬体系能够更好地激发高层次人才的工作潜能，促使他们在教学、科研等方面发挥更大的作用。为了吸引学科带头人、学术骨干和优秀的海外博士等高层次人才，高职院校需要制定具有吸引力的绩效分配政策。这些政策应当明确岗位职责、教学科研任务以及相应的绩效奖励，确保每位高层次人才都能够获得与其贡献相匹配的回报。同时，对于完成约定任务或超额完成约定任务的高层次人才，应当给予额外的绩效奖励，以鼓励他们继续发挥优势，为学校的发展做出更大的贡献。在绩效分配办法的制定过程中，高职院校还应充分考虑每位高层次人才的工作性质和特点。通过一人一合同的方式，明确每个人的岗位职责和绩效要求，使绩效分配更加公平、合理。同时,这也有助于激发高层次人才的工作热情和创造力,推动他们在"双高计划"建设中不断提升自身的教学水平和实践能力。

高职院校绩效工资体系的优化是增强院校综合竞争力、服务保障"双高计划"建设项目落地的核心要素。通过制定多样化的绩效分配办法,高职院校可以吸引更多高层次人才加入学校的建设中来,为学校的发展提供强有力的人才保障。同时,这也有助于提升高职院校的整体教学水平和综合实力,为区域经济的发展培养更多高素质技术技能人才。

(五) 进一步强化二级分配管理

在现代学校管理中,绩效工资的分配是一项至关重要的任务。它直接关系到教职工的工作积极性和学校整体的发展。为了更好地实现绩效工资的合理分配,学校划拨各单位(部门)自主分配绩效工资(包括考核奖励和调控奖励),这一机制旨在激发教职工的潜能,提升整体工作效率。

首先,各单位(部门)在分配绩效工资时,应坚持按劳分配、优绩优酬的原则。意味着教职工的薪酬应与其付出的努力、承担的任务以及取得的业绩紧密挂钩。通过合理拉开差距,不仅能够激励教职工更加努力地工作,还能够形成积极向上的工作氛围。

其次,在自主分配的具体项目和标准方面,各单位(部门)应在学校划拨的总量内自主确定。意味着各单位(部门)可以根据自身的实际情况和需求,制定符合自身特点的分配方案。这种灵活性有助于更好地满足教职工的个性化需求,提高他们的工作满意度。

针对专任教师这一特殊群体,分配项目应重点考虑教学科研等任务承担情况及业绩成果。教学科研工作是专任教师的主要职责,也是衡量他们工作绩效的重要指标。因此,在分配绩效工资时应充分体现对专任教师教学科研工作的认可和激励,以激发他们的工作热情和创造力。

此外,对于未纳入学校统筹发放范围的常规性或临时性工作事务,在自主分配时也应适当体现相关工作人员的劳动付出。这些工作事务虽然不属于学校的核心任务,但对于保障学校正常运转和满足学生需求具有重要意义。因此,在分配绩效工资时应充分考虑相关工作人员的努力和贡献,确保他们得到应有的回报。

第八章

高职院校教师绩效考核评价

高职院校教师绩效考核评价是提升教育教学质量、激发教师工作积极性和创造性的重要手段。通过科学、公正、全面的评价，能够客观地反映教师在教学、科研、社会服务等方面的贡献和成绩，进而为教师的个人发展和学校的整体发展提供依据和支撑。高职院校教师绩效考核评价是一项复杂而重要的工作，需要学校、教师和社会各方面的共同努力和支持。通过科学、公正、全面的评价，能够激发教师的工作热情和创造力，推动学校事业的可持续发展和进步。

第一节 绩效评价与高职院校教师绩效评价

一、绩效评价

在现代组织中，绩效评价是一项至关重要的任务。它涉及对员工个人和部门整体的表现评估，通过特定的评价方法和标准来判断是否实现了预定的绩效目标。绩效评价不仅是一个单纯的考核过程，还是一个全面分析、对比、提升的过程。

绩效评价能够收集和汇总大量关于员工和部门工作的信息。这些信息是管理者做出晋升决策、调整工资水平的重要依据。通过对员工绩效的综合评估，管理者可以清晰地了解每个员工的能力、工作态度和贡献，从而做出更加公正、合理的晋升和薪酬调整决策。

绩效评价为领导者和员工提供了共同审查部门工作的机会。这一过程有助于促进上下级之间的沟通与合作，让员工更好地理解公司的战略目标和期望。同时，通过评价结果的反馈，员工可以认识到自己的优点和不足，进而调整工作策略，提升个人绩效。在绩效评价结果生成后，管理者可以根据员工的绩效等级来制定具体的职位升降、岗位调整以及绩效工资发放等计划。这不仅能够激励员工努力提升自己的工作能力，还能够为公司选拔和培养优秀人才提供有力支持。同时，根据员工的能力差异，管理者可以对工作分配进行合理调整，确保每个员工都能在适合自己的岗位上发挥最大的价值。此外，通过绩效评价，公司还能够全面了解员工和团队当前的工作状态。这为培训和教育工作提供了重要依据，有助于针对性地提升员工的技能水平和综合素质。同时，绩效评价结果还可以为工作计划和预算评估提供有力支持，帮助管理者制定更加合理、高效的工作计划和预算方案。

二、教师绩效评价体系及其理论基础

（一）教师绩效评价体系

在学术界，教师绩效不仅仅是简单的教学成果和科研产出，它更多地体现了教师无形劳动的有效性。这种有效性体现在教师履行职责、与学生互动、进行教学研究和推动学术进步等多个方面。

教师绩效是教师在履行其职责过程中所展现的工作能力和取得的成果，包括教学质量、科研能力、师德师风、团队合作等多个方面。对于学校而言，教师绩效是评估教师完成学校分配工作的重要指标；而对于教师个人来说，绩效则是评价其工作表现和发展潜力的重要依据。为了全面、客观地评价教师的绩效，需要建立一套科学、合理的评价体系。这个体系应该基于学校的战略目标，结合教师的岗位职责和工作特点，采用多种评价方法和手段，以确保评价结果的客观性和公正性。

在教师绩效评价体系中，需要关注以下几个方面。

（1）教育教学质量。教学是教师的主要职责之一，教学质量的高低直接影响着学生的学习效果和未来的发展。因此，在评价体系中，应该注重对教师教学方法、教学内容、教学效果等方面的考核。

（2）科研能力和学术贡献。作为学者，教师的科研能力和学术贡献是衡量其绩效的重要指标。应该关注教师的科研项目、科研成果、学术影响力等方面，以评估其在学术领域的贡献和影响力。

（3）师德师风和职业素养。教师的师德师风和职业素养是评价其绩效的重要方面。应该关注教师的言行举止、职业操守、道德修养等方面，以评估其是否具备成为一名优秀教师的素质。

（4）团队合作和协同发展。在学术领域，团队合作和协同发展是非常重要的。应该关注教师在团队中的表现和作用，以评估其是否具备团队合作和协同发展的能力。

通过建立一套科学、公正、有效的教师绩效评价体系，可以全面、客观地评估教师的工作表现和发展潜力，为学校的管理和发展提供有力支持。同时，这套体系也可以激励教师不断提升自己的教育教学水平和科研能力，推动学术进步和教育事业的发展。在实践中，应该不断完善和优化教师绩效评价体系，以适应不断变化的教育环境和学术要求。同时，应该注重教师的个人发展和成长，为其提供必要的支持和帮助，以激发其工作热情和创造力，为学校的长远发展作出更大的贡献。

（二）教师绩效评价体系构建的理论基础

1. 公共产品理论

公共产品与劳务，作为社会共同享有的资源，是维持社会运转不可或缺的一部分。这类产品和劳务的特性在于，它们不能被单一个体独占，也无法直接产生外在经济利益。例如，公共安全、公共卫生、基础教育等，都是典型的公共产品。它们的存在确保了社会的稳定和发展，为每一个社会成员提供了基本的生活保障。相对而言，私人产品与劳务则需要购买者付出一定的对价才能单独享有。这类产品通常具有排他性，即只有支付了对价的人才能享用。与公共产品不同，私人产品的主要目标是为个体提供满足特定需求的服务或商品。这类产品的生产和消费，往往会产生明确的经济利益。

然而，在现实中，还存在一种特殊的产品类型——准公共产品或混合产品。这类产品兼具公共产品和私人产品的特征,既具有公共性,又具有一定的排他性。在教育领域,这种特性表现得尤为明显。教育作为一种服务,既可以被直接消费(如个人通过接受教育获得知识和技能),也可以间接消费(如教育对社会经济文化的推动)。因此,教育既具有公共产品的特性,又具有私人产品的特性,是一种典型的准公共产品。

高职院校作为提供教育服务的重要机构,其"产品"属于准公共产品。在教育生产过程中,教师付出了大量的无形劳动,如备课、授课、辅导等,这些劳动无法直接用货币进行计量。因此,对教师的绩效评价不能仅依赖于财务指标,还需要综合考虑非财务指标,如教学质量、学生满意度、科研成果等。为了更准确地评价教师的绩效,高职院校需要制定科学合理的教师绩效评价体系。这一体系应该既能反映教师的教学成果,又能体现其对社会的贡献。同时,评价体系还需要具备可操作性和可持续性,以便在实际工作中得到有效应用。在实际操作中,高职院校可以通过收集和分析各种数据,如学生成绩、学生满意度调查、科研成果等,来全面评价教师的绩效。同时,还需要结合学校的实际情况和目标,不断调整和优化评价体系。这样不仅可以提高学校工作的效能,还能更好地满足社会的需求,实现教育的公共性和私人性的有机结合。

2. 信息不对称理论

信息不对称,这一经济学和社会科学中的核心概念,揭示了不同参与者之间信息掌握程度的差异。它对于经济行为、市场交易乃至个人或企业的决策都具有深远的影响。随着社会经济的迅速发展和行业的快速变革,信息不对称现象在高职院校教育中愈发凸显,为教育者和决策者带来了诸多挑战。

信息不对称可能导致市场交易中的不公平现象。在高职院校与用人单位之间,由于双方信息掌握得不平衡,用人单位往往难以准确评估毕业生的实际能力和潜力,可能导致一些具备真才实学的学生被埋没,而一些技能欠缺的学生却得到了就业机会。这种信息不对称不仅影响了学生的职业发展,也阻碍了用人单位的人才选拔和企业的长远发展。

信息不对称还可能导致决策失误。高职院校作为非营利组织,其主要职责是教书育人,为社会培养合格的人才。然而,在信息不对称的背景下,学校可能无法准确了解用人单位的需求变化和市场趋势,导致人才培养方向偏离实际需求。这不仅影响了学生的就业前景,也削弱了高职院校的社会声誉和竞争力。

为了应对这些挑战,高职院校需要充分发挥实践型教学的优势。教师的技能型教学对于提高学生的职业技能和就业竞争力至关重要。为此,学校应为教师创造更多的学习和实践机会,激发他们跟上时代需求的步伐。同时,学校还应积极推行"双师型"教师的培养模式,鼓励教师不仅具备扎实的理论素养,还具备丰富的实践经验。这样,教师才能更好地指导学生,帮助他们更好地适应市场需求。此外,高职院校还应加强与用人单位的沟通和合作。通过定期的交流活动、企业实习等方式,学校可以更准确地了解用人单位的需求和变化,及时调整人才培养方案,提高人才培养质量。这样,不仅可以减少信息不对称带来的负面影响,还可以为用人单位提供更多优质的人才资源,实现双方的共赢。

3. 群体动力学理论

在20世纪40年代,心理学家勒温提出了群体动力学理论,这一理论以心理动力场理论为基础,深入探讨了人类群体行为背后的心理机制。勒温指出,人是一个充满能量的复杂系统,而人类的活动也可以被视作一个"场"。在这个"场"中,个体与个体之间、个体与群体之间都存在着微妙的联系和互动。群体动力学理论强调,在人类群居的生活中,个体与个体之间的联系是无间断的。群体的制度规范、舆论导向、凝聚力等社会心理现象,不仅影响团体的整体心理氛围,更能深入到个体心理层面,对个体的行为方式产生深远影响。这些影响并非单向的,而是相互作用的。个体的行为和态度,反过来也会影响群体的发展水平和群体绩效。

以群体动力学理论为指导,可以重新审视教师绩效评价的过程。在传统的教师绩效评价中,往往过于注重个体的表现,而忽视了教师与团队之间的相互作用。然而,群体动力学理论提醒我们,教师个人与团队其实可以作为一个"场"来进行整体评价。在这个"场"中,教师的个人表现与团队的整体表现是相互关联的,二者共同构成了教师绩效评价的完整画面。

通过整体评价,可以促进教师增强集体意识,鼓励他们在团队中互相帮助、共同提高。这种评价方式不仅更加全面、公正,而且有助于激发教师的团队精神和合作意识,提高整体教学质量。群体动力学理论为我们提供了一个全新的视角来审视群体行为背后的心理机制。通过深入探究个体与个体、个体与群体之间的微妙联系，可以更好地理解人类行为背后的心理动因，从而更有效地进行教师绩效评价，促进教师的专业成长和团队发展。

4. 公平激励理论

美国心理学家亚当斯的公平理论，为我们揭示了社会群体中一个普遍存在的心理现象：个体在组织中，会根据自己的付出与回报，以及与他人进行比较，来评估自己是否得到了公平的对待。这种心理需求并不仅仅局限于普通的社会群体，同样也在教师群体中有所体现。

教师，作为社会的重要职业之一，他们的付出与努力直接关系到下一代的成长和社会的进步。因此，保障教师的公平感，激发他们的工作积极性，是提升教育质量和推动教育事业发展的关键。要做到这一点，一个公平、合理的教师绩效评价体系就显得尤为重要。然而，现实中，尤其是在体制内的编制岗位中，不难发现一些"浑水摸鱼"的偷懒行为。这些教师虽然在工作上并未付出足够的努力，但由于现行的工资制度，他们仍然能够获得与认真工作的教师相同的收入。这种情况不仅挫伤了认真工作教师的积极性，也破坏了教师群体内部的公平感。因此，在短期内无法改变体制内工资某些部分的情况下，需要从制定教师绩效评价体系入手，寻求解决方案。

首先，制定更合理的绩效工资发放制度，确保教师的收入能够真实反映他们的工作付出。可以通过设立明确的绩效指标、建立公正的考核机制、实行差异化的薪酬分配等方式来实现。

其次，引导教师以工作能力与动力的竞争为自我激发点，自发地提高工作效率，而非仅仅关注纯收入的攀比。可以通过加强教师的职业培训和职业规划，提升他们的专业素养和竞争力，使他们更加关注自身的成长和发展。同时，通过设立奖励机制，表彰那些在工作中表现突出的教师，以此激发整个教师群体的积极性。

5. 马斯洛需求层次理论

美国心理学家亚伯拉罕·马斯洛在其著名的需求层次理论中，深入探讨了人类需求的层次性和优先级。他指出，人的需求从基本的生理需求开始，逐步上升到安全需求、社交需求、尊重需求和自我实现需求。这一理论不仅揭示了人类行为的动机，也为众多领域提供了宝贵的启示，其中包括教师的绩效评价体系设定。教师的绩效评价体系是一个复杂而精细的系统，需要充分考虑教师的个性化需求和发展阶段。正如马斯洛的需求层次理论所揭示的那样，不同级别、年龄的教师追求的目标和动机各不相同。因此，绩效评价体系不能简单地采用"一刀切"的方式，而应该根据教师的不同需求层次，设计渐变式的上升路径。

对于新入职的年轻教师来说，他们可能更关注基本的生理需求和安全需求，如稳定的工资收入和良好的工作环境。在这一阶段，绩效评价体系可以侧重于教学基本功的考核，如课程设计、教学方法和课堂管理等方面。通过设定明确、可衡量的标准，帮助年轻教师快速适应教学工作，同时给予他们适当的激励，激发他们的工作热情和创造力。

随着教师职业生涯的发展，他们开始追求更高层次的社交需求、尊重需求和自我实现需求。在这一阶段，绩效评价体系应该关注教师的团队合作、专业成长和社会影响力等方面。通过鼓励教师参与教研活动、学术交流和社会服务等活动，促进他们与同行的交流合作，提升专业素养和影响力。同时，为优秀教师提供更多的发展机会和资源支持，满足他们自我实现的愿望。

绩效评价体系的设计还需要考虑教师的个体差异和特长。每个教师都有自己的优势和特长，绩效评价体系应该充分尊重并发挥这些优势。通过设立多样化的评价指标和激励机制，鼓励教师在自己擅长的领域发光发热，促进教师队伍的多元化发展。

总之，教师的绩效评价体系应该是一个渐变式的上升过程，根据教师的不同需求层次和发展阶段，设计相应的评价标准和激励机制。这样的评价体系不仅能够更好地满足教师的个性化需求，还能够激发他们的工作热情和创造力，推动教师队伍的持续优化和发展。同时，通过不断完善和优化绩效评价体系，还可以为教师提供更好的职业发展环境和更广阔的个人成长空间，为实现教育事业的可持续发展和繁荣作出贡献。

三、高职院校教师绩效评价的原则

高职院校教师绩效评价是专门针对高职院校教师群体进行的一种绩

效评价方式。它结合高职院校的教育特点、教师职责和教学目标,对教师在教学、科研、社会服务等方面的表现进行评价。高职院校教师绩效评价的目的在于激发教师的工作热情,提高教育教学质量,推动高职院校的可持续发展。

在高职院校的教师绩效评价中,为了确保评价的公正、科学和有效性,需要严格遵循几个核心原则。这些原则构成了评价体系的基石,确保评价结果的准确性和公正性,同时激励教师不断提高工作绩效。

(1)客观性原则。在评价过程中,必须确保评价的公正和客观,避免受到主观臆断和偏见的影响。意味着评价标准和评价过程需要公开透明,评价者需要依据客观事实和数据进行评价,而不是凭借个人喜好或偏见。同时,评价结果也需要客观反映教师的实际工作表现,不受任何外部因素的干扰。

(2)全面性原则。包括教学、科研、社会服务等多个方面。在教学方面,需要评价教师的教学质量、教学方法、教学效果等;在科研方面,需要评价教师的科研能力、科研成果、科研贡献等;在社会服务方面,需要评价教师的社会服务经历、社会服务质量等。只有全面考虑教师的各个方面,才能准确评估教师的整体绩效。

(3)可操作性原则。评价方法需要简单易行,便于操作和实施。意味着评价过程需要具有明确的步骤和流程,以便于评价者容易理解和执行评价任务。同时,评价方法也需要适应高职院校的实际情况和特点,确保评价的可行性和有效性。

(4)激励性原则。评价结果需要能够激励教师积极进取,提高工作绩效。要求评价结果能够客观反映教师的实际表现,同时给予教师积极的反馈和建议。评价结果也需要与教师的职业发展和晋升挂钩,激励教师不断提高自己的工作水平和绩效。

为了实现以上原则,高职院校需要建立科学合理的教师绩效评价体系。该体系应包括评价指标、评价方法、评价周期等内容。评价指标要能够全面反映教师的工作绩效,包括教学质量、科研成果、社会服务等方面。评价方法要采用定量和定性相结合的方式,既注重数据的客观性,又体现教师的个人特点和贡献。评价周期应根据实际情况进行设置,既要保证评价的及时性,又要避免过于频繁的评价给教师带来过大的压力。

通过构建科学合理的教师绩效评价体系,高职院校可以更好地了解教师的工作状况和发展需求,为教师的职业发展提供有力支持。同时,也可以促进高职院校的整体发展,提高教育教学质量和科研水平。

第二节 "双高计划"建设背景下高职院校教师绩效考核与管理的问题与现状

高职院校的高质量发展离不开教师队伍的支撑和保障,因此,努力打造一流的教师队伍,构建科学合理的教师绩效考核体系,对于学校整体战略目标的实现具有至关重要的意义。在当前背景下,对高职院校教师绩效考核体系进行深入探讨和改革,不仅是必要的,而且是迫切的。

一、绩效考核指标体系不健全

当前高职院校教师绩效考核指标设置存在一些问题,这些问题不仅影响了考核的公正性和有效性,也制约了教师的专业成长和高职院校的整体发展。下面将从四个方面深入剖析这些问题,并提出相应的改进策略。

(一)绩效考核指标重数量而轻质量

当前,高职院校教师绩效考核普遍存在重数量轻质量的现象。主要表现在对教学课时和科研工作量的过度追求,而忽视了教师的工作质量。这种考核方式容易导致教师片面追求数量,而忽视教学质量和科研深度。为了改进这一问题,高职院校应该调整考核指标,将教学质量、科研质量等纳入考核体系,同时设置合理的数量标准,避免过度追求数量而牺牲质量。

(二)缺乏分类设计的考核指标体系

高职院校教师岗位类型多样,包括教学型、科研型、教学科研型等。然而,当前很多高职院校在设置绩效考核指标时,没有根据岗位类型的不同进行分类设计。导致考核指标体系无法体现教师的真实工作行为,特别是缺乏针对应用型指标的考核,无法突出高职院校的考核侧重点。因此,高职院校应该根据教师的岗位类型和工作特点,制定分类设计的考核指标体系,以更准确地评价教师的工作表现。

(三)定性指标缺乏明确标准

在高职院校教师绩效考核指标中,定性指标占有一定比例。然而,由于缺乏明确的标准说明,这些定性指标在考核过程中容易受到主观因素的影响,导致考核结果的不公平性。为了解决这个问题,高职院校应该对定性指标进行细化和量化,制定明确的评价标准,减少主观因素的影响。同时,可以引入第三方评价机构或专家团队,对定性指标进行客观、公正的评价。

(四)指标设置缺乏教师参与

在高职院校教师绩效考核指标的设置过程中,教师作为考核对象往往很少参与其中。导致指标设置基本体现的是管理者的意志,存在较强的主观随意性。由于缺乏教师的参与和认同,考核指标体系很难得到广大教师的认可和支持。因此,高职院校应该加强与教师的沟通与交流,充分听取教师的意见和建议,让教师在指标设置过程中发挥更大的作用。这样不仅可以增强教师的归属感和责任感,也可以提高考核指标体系的科学性和公正性。

二、绩效考核与管理缺乏反馈与沟通

许多高职院校在绩效考核结束后,管理者对教师往往缺乏反馈和沟通。一方面,负责考核的人员几乎没有就考核结果与教师展开一对一当面交流,导致教师无法深入了解自己的工作表现和存在的问题。另一方面,对于考核中暴露出的问题,相关管理者往往不做深入分析,而是仅仅依据考核结果调整薪酬、发放绩效奖励等。这种做法不仅不能帮助教师发现自身存在的问题,提高教学水平,而且可能导致教师对绩效考核产生误解,认为考核结果只是简单的数据和奖励,而忽视了其对个人和学校发展的实际意义。对于存在的问题,教师无法获得反馈意见。这种做法使教师无法及时发现并改正自己的问题,可能导致教学效果的持续恶化。此外,由于缺乏反馈,有问题的教师往往无法得到改进的机会,使问题持续存在,从而影响整个教学团队的发展。

第三节 "双高计划"建设背景下高职院校教师绩效考核与管理问题成因的理论视角分析

"双高计划"作为中国高职教育的一项重要战略,旨在通过提升一批高水平高职院校的综合实力,推动高职教育的整体优化与发展。在这一背景下,高职院校教师的绩效考核与管理问题显得尤为突出。下面从理论视角出发,对这些问题及其成因进行深入分析。

一、政策执行方面的因素

从政策执行的角度深入剖析,"双高计划"的实施给高职院校教师的绩效考核带来了前所未有的挑战。这一计划旨在提升高职院校的教育质量和综合实力,进而推动整个高等职业教育的进步。然而,这一宏伟目标的实现,离不开每一位教师的辛勤付出和卓越表现。因此,对教师的绩效考核提出了更高的要求,以确保他们能够适应新的发展需求,为学校的整体发展贡献力量。

传统的绩效考核体系在高职院校中已经运行了多年,其标准和方式已经深入人心。然而,随着"双高计划"的推进,这一体系可能显得捉襟见肘,难以适应新的发展需求。新的政策不仅关注教师的教学水平,还重视教师的科研能力、社会服务以及团队合作等多个方面。这意味着,教师需要在这些领域都取得出色的成绩,才能满足新的考核标准。

面对新的考核标准,许多教师可能会感到压力倍增。这种压力不仅来源于对个人绩效的期待,更来源于对学校整体发展的责任感。他们深知,自己的表现不仅关系到个人的职业发展,更关系到学校的声誉和地位。因此,教师需要在保持教学质量的同时,不断提升自己的科研能力和社会服务水平,以适应新的考核要求。

为了缓解教师的压力,高职院校需要采取一系列措施。首先,可以加强教师培训,提升他们的教学水平和科研能力。其次,可以优化绩效考核体系,使其更加科学、公正、合理。最后,可以加强团队建设,鼓励教师之间的合作与交流,共同为学校的整体发展贡献力量。

总之,"双高计划"的实施对高职院校教师的绩效考核提出了更高的要求。这不仅是对教师个人能力的挑战,更是对学校整体发展的考验。只有通过不断提升教师的综合素质和绩效考核体系的有效性,才能确保"双高计划"的顺利实施,推动高职院校向更高的目标迈进。同时,这也需要教师自身不断努力和成长,以适应新的考核要求,为学校的发展贡献自己的力量。在这个过程中,教师的个人成长与学校的发展将相互促进,共同推动高等职业教育的繁荣与进步。

二、教育教学方面的因素

从教育教学的视角出发,高职院校教师的角色已经发生了翻天覆地的变化。他们不再仅仅是知识的传递者,而是学生学习和成长的引路人,扮演着多重角色的导师。这一巨大的转变不仅要求教师在教学方法、手段以及内容上进行颠覆性的创新,同时也呼唤着绩效考核体系的与时俱进,以便能够真实、准确地反映出这种创新的价值和深远影响。然而,遗憾的是,当前的部分绩效考核体系仍然过于倚重量化指标,这无疑束缚了教师的教育创新意识和教学质量的进一步提升。量化的考核指标虽然方便管理和评价,但过度强调却容易使教师陷入应试教育的泥潭,导致他们过分追求分数和升学率,而忽视了教育的本质——培养学生的综合素质和创新能力。

为了真正激发教师的教育创新热情,提升教学质量,高职院校应当构建一个更加全面、科学的绩效考核体系。这一体系应当充分考虑到教师的教育创新实践、学生的学习成效、课堂氛围的营造等多个维度,通过多元化的评价方式来全面、客观地评价教师的工作表现。同时,高职院校还应当加强对教师的培训和指导,帮助他们提升教育创新的能力,掌握先进的教学方法和手段。只有这样,才能真正实现教师角色的转变,推动教育教学质量的全面提升,培养出更多具有创新精神和实践能力的高素质人才。

高职院校教师的角色转变是教育发展的必然趋势,而绩效考核体系的改革则是实现这一转变的重要保障。只有通过构建全面、科学的绩效考核体系,才能真正激发教师的教育创新热情,推动教育教学质量的全面提升,为社会的繁荣和发展培养出更多优秀的人才。

三、人力资源管理方面的因素

从人力资源管理的角度看,高职院校教师的绩效考核与管理应当是一个系统工程,需要综合考虑教师的个人发展、学校的整体需求以及社会对人才的需求等多方面因素。然而,现实中往往存在着绩效考核与管理相脱节的情况,高职院校教师的绩效考核与管理不仅涉及教师个人的职业成长和发展,还与学校的整体战略目标以及社会对人才的需求紧密相连。因此,要构建一个全面、科学、合理的教师绩效考核与管理体系,需要我们在多个层面进行深思和谋划。

首先,个人发展是教师绩效考核与管理不可忽视的重要方面。每位教师都有自己独特的职业追求和发展目标,这些目标往往与他们的个人兴趣、专业特长和职业规划紧密相关。因此,在绩效考核与管理体系中,需要尊重教师的个人发展需求,为他们提供多元化的成长路径和发展机会。包括提供培训、进修、学术交流等机会,帮助他们提升教学水平和科研能力,实现个人职业价值的最大化。

其次,学校的整体需求也是绩效考核与管理体系中不可忽视的一环。高职院校作为为社会培养高素质技术技能人才的重要基地,其整体战略目标往往与区域经济发展、产业结构调整等宏观背景密切相关。因此,在绩效考核与管理体系中,需要将学校的整体需求放在首位,确保教师的个人发展目标与学校的整体战略目标相协调。包括制定符合学校发展需求的教师绩效考核标准,引导教师积极参与学校的教学改革、科研创新和社会服务等活动,为学校的整体发展贡献力量。

最后，社会对人才的需求也是绩效考核与管理体系中需要考虑的重要因素。随着科技的不断进步和产业的快速发展，社会对人才的需求也在不断变化。高职院校作为人才培养的重要场所，其培养的人才质量直接影响到社会的发展和进步。因此，在绩效考核与管理体系中，需要紧密关注社会对人才的需求变化，及时调整教师绩效考核的方向和重点。包括关注行业发展趋势，了解企业用人标准，将社会需求融入教师绩效考核体系，引导教师关注社会热点、难点问题，积极投身社会实践和创新创业活动，为社会培养更多符合需求的高素质技术技能人才。

然而，现实中往往存在着绩效考核与管理相脱节的情况。可能是由于制度设计不合理、执行不到位、沟通不畅等多种原因造成的。为了解决这一问题，需要从以下几个方面入手：一是完善绩效考核与管理体系的制度设计，确保其既符合学校整体需求，又能满足教师的个人发展需求；二是加强绩效考核与管理体系的执行力度，确保各项制度得到有效落实；三是加强沟通与协作，建立良好的信息反馈机制，使教师能够及时了解自己的绩效情况，并根据反馈进行调整和改进。

高职院校教师的绩效考核与管理是一项系统工程，需要我们在多个层面进行综合考虑和谋划。只有充分尊重教师的个人发展需求，紧密围绕学校的整体战略目标，紧密关注社会对人才的需求变化，才能构建出一个全面、科学、合理的教师绩效考核与管理体系，推动高职院校的可持续发展和社会进步。

综上所述，"双高计划"建设背景下高职院校教师绩效考核与管理问题的成因是多方面的，既有政策执行层面的原因，也有教育教学和人力资源管理层面的原因。为了解决这些问题，需要从多个角度出发，构建一个更加科学、合理、有效的绩效考核与管理体系，以激发教师的工作热情和创新精神，推动高职院校的整体发展。

第四节 高职院校教师绩效考核评价体系的建构

一、充分考量教师专业发展的阶段性特征

教师绩效考核作为教育管理体系中的一项重要环节，其目的远非简

单地总结某个阶段的工作成果。它更是一个旨在促进教师综合素质持续提升的动态过程。高职院校作为高等教育的重要组成部分,其教师的专业发展具有鲜明的阶段性特征。这意味着不同教龄、不同职称的教师在教学工作中的成熟度、经验积累以及所面临的挑战和机遇都有所不同。因此,对于教师的绩效考核,必须紧密结合教师的职业生涯,充分考虑其专业发展的阶段性特征,确保考核内容和方法能够真实反映教师的实际水平和潜力。

对于刚走上岗位的新教师,他们往往面临着从学生到教师的角色转变,以及适应新环境、新挑战的压力。在这个阶段,绩效考核应当给予他们更多地鼓励和支持。即便新教师在工作中出现一些问题和失误,也应以宽容和理解的态度对待,帮助他们总结经验教训,鼓励他们快速进步。这种考核方式不仅有助于新教师的成长,还能激发他们的工作热情和创造力,为未来的教学工作奠定坚实的基础。

对于教龄较长、职称较高的教师,他们在教学工作中积累了丰富的经验和知识,成为学校的教学骨干和学术带头人。在这个阶段,绩效考核应当适当提高门槛,激励他们发挥带头作用和"传帮带"作用,帮助年轻教师快速成长。同时,也要防止这些教师产生"躺在过去功劳簿上睡大觉"的消极思想,通过考核激励他们持续更新知识体系、创新教学方法,保持对教育事业的热情和投入。

在绩效考核的过程中,还要注重对教师个人发展目标的关注和支持。每个教师都有自己的职业规划和发展目标,绩效考核应当与这些目标相结合,为教师提供有针对性的指导和帮助。这样不仅能够提升教师的个人成就感,还能促进学校整体教学水平和学术实力的提升。

教师绩效考核作为促进教师专业可持续发展的重要手段,必须紧密结合教师的职业生涯和专业发展的阶段性特征。通过科学、合理的考核方式,激发教师的工作热情和创造力,帮助他们不断提升综合素质,为高职院校的教育事业做出更大的贡献。

二、设置多维度的绩效考核指标

高职院校教师的绩效考核是一项复杂而重要的任务,它不仅关乎教师个人的奖惩和发展,更关系到学校整体战略目标的实现。因此,构建科学、公正的考核指标体系至关重要。只有明确了这一体系,才能确保考核结果的客观性和公正性,从而引导教师积极投入工作,推动学校的发展。

考核指标的设置必须明确、具体、全面、可行,并具备现实指导意义。这意味着需要根据学校的定位、办学理念和目标,以及教师的岗位职责,制定出既符合实际又具有指导性的考核指标。这样的指标不仅能够全面反映教师的工作表现,还能引导教师更好地实现学校的发展战略。

高职院校教师的工作内容通常包括教学、科研、社会服务和公共服务等多个方面。因此,在设置考核指标时,需要根据教师的岗位类型和工作特点,对这些方面的工作量进行分类设计。例如,对于社会科学教师,由于其主要工作精力在教学上,应该适当提高教学指标的权重;对于应用专业类教师,除了教学还要重视实践,因此这两类指标的权重需要兼顾。

此外,由于教师的工作内容涵盖了多个方面,其中一些指标可能难以量化。因此,在考核过程中,需要结合定性和定量两种考核方式。对于教师的工作态度、思想品德、团队合作精神等难以量化的方面,可以采取定性考核的方式;对于教师的教学、科研工作量等可以量化的方面,则应该采用定量指标进行考核。这样可以更加全面地了解教师的工作表现,并作出客观公正的综合评价。

总之,高职院校教师的绩效考核工作是一项系统工程,需要从多个方面进行考虑和设计。通过构建科学、公正的考核指标体系,可以引导教师积极投入工作,推动学校的发展。同时,也需要不断完善这一体系,以适应教育改革的需要和教师队伍的发展。在这个过程中,还应该注意到高职院校教师绩效考核工作的一些特殊性和挑战。例如,如何平衡教学和科研的关系、如何评估教师的社会服务贡献、如何确保考核结果的公正性和透明等。这些问题都需要进行深入研究和探讨,以制定出更加科学、合理的考核指标和考核方法。

高职院校教师绩效考核工作的最终目的是促进教师的专业发展和学校的发展。因此,在设置考核指标和进行考核时,应该始终坚持以教师为本、以学校发展为中心的原则,确保考核工作的科学性和公正性。同时,应该鼓励教师积极参与考核过程,发挥自己的主观能动性,共同推动学校的发展。

三、采用科学的绩效考核评价方法

在当今的高职院校环境中,教师绩效考核已逐渐显露出一些问题,最为突出的是过分重视考核结果，而相对忽视了考核过程的公正性与全面性。为了改进这一现状，提升教师绩效考核的客观性和公正性，提出了将日常考核与年终考核相结合的绩效考核方案。

日常考核，顾名思义，是对教师日常工作的持续观察和记录。这种考核方式侧重于考察教师在日常工作中是否能够不折不扣地完成本职工作，是否遵循了教育教学的基本原则，是否认真备课、上课，以及与学生、同事的交往是否得体等。通过日常记录，可以为年度考评提供具体的数据支持，确保考核的公正性和客观性。年终考核，则是对教师在一年内整体工作表现的综合评价。这种考核方式需要将日常考评的结果进行深入分析，同时结合年度工作的完成情况，如科研成果、教学成绩、社会服务等多方面的因素，进行综合考量。通过这样的方式，可以更加全面地了解教师在一年内的工作表现，进而做出更加准确的绩效评价。在具体的考评方法上，建议采用360度绩效考评法。这种方法从多个角度对教师进行评价，包括自我评价、同事互相评价、上级评价以及学生评价等。这样的评价方式可以更加全面地反映教师的工作表现，避免单一评价方式的片面性。同时，通过多角度的评价，可以帮助教师更加清晰地认识自己的优点和不足，为未来的职业发展提供指导。

除了360度绩效考评法，特别推荐MBO法（目标管理法）用于对具体教师和具体行为的评价。这种方法强调目标的明确性和达成度，可以从多个维度对教师进行评价，如教学目标、科研目标、社会服务目标等。通过MBO法，可以更加精确地了解教师在各个方面的表现，从而为他们提供更具针对性的指导和帮助。将日常考核与年终考核相结合，采用360度绩效考评法和MBO法等多元化的考评方法，不仅可以提升高职院校教师绩效考核的客观性和公正性，还可以帮助教师更加清晰地认识自己的职业发展方向，提升教育教学水平和科研能力。同时，这种考核方式还可以激发教师的工作热情和创造力，推动高职院校的可持续发展。因此，高职院校在绩效考核工作中应更加注重考核过程的公正性和全面性，将日常考核与年终考核相结合，为教师的职业发展提供有力的支持。

四、完善考核结果反馈与激励机制

在现今教育领域中，教师的专业能力与素质直接影响着学生的学习效果和学校的整体教育质量。因此，建立一个科学、公正、透明的教师考核机制至关重要。然而，仅仅进行考核并不足以达到提升教师素质的目的，关键在于如何有效地利用考核结果来促进教师的自我完善和提高。

首先，教师考核结果的反馈是考核机制中不可或缺的一环。考核结果出炉后，如果不及时、公正、透明地反馈给教师本人，不仅会引起教师的不必要猜测和质疑，还可能导致教师对考核结果和考核过程产生不信任感，甚至对学校的管理产生心理上的抵触。这种不信任和抵触情绪不仅会影响教师的工作积极性和工作效果，还可能对整个学校的教育环境产生负面影响。因此，完善考核全流程的首要任务是确保考核结果的及时、公正、透明反馈。在考核结果出炉后，学校管理层应第一时间将结果反馈给教师本人，并与教师进行面对面的沟通，共同分析考核结果。在沟通过程中，学校应更多地了解教师的想法和意见，帮助教师认识到自身的不足，并明确未来工作的努力方向。这种沟通不仅有助于增强教师对考核结果的认同感和信任感，还能激发教师的自我完善意识，促进教师的专业成长。

其次，考核与激励机制的结合是发挥考核机制作用的关键。教师的专业成长和素质提升需要内在的动力和外在的激励。因此，学校应创新激励机制，将考核结果与教师的奖惩、晋升等切身利益紧密挂钩。对于表现突出的教师，学校应给予适当的奖励和荣誉，以表彰他们的优秀表现，并激发他们的工作热情和创造力。同时，对于表现不佳的教师，学校也应给予必要的帮助和指导，帮助他们找出问题所在，制定改进措施，提升工作水平。这种奖惩分明的激励机制不仅能调动先进工作者的积极性，还能给落后者敲响警钟，从整体上提高教师队伍的专业能力和素质。

最后，完善教师考核机制并非一蹴而就，需要学校管理层、教师以及社会各界的共同努力和持续改进。学校应定期收集和分析教师、学生和家长的反馈意见，对考核机制进行不断地优化和调整。同时，教师也应积极参与到考核机制的改进过程中，提出自己的建议和想法。社会各界也应关注并支持教师考核机制的改革和完善，共同营造一个有利于教师成长和发展的良好环境。

完善教师考核反馈机制并创新激励机制是提升教师队伍专业能力和素质的重要途径。通过确保考核结果的及时、公正、透明反馈，以及考核与激励机制的有效结合，可以激发教师的工作热情和创造力，促进教师的自我完善和发展，为提高学校整体教育质量和培养优秀人才做出积极贡献。

五、赋予二级教学部门更大的考核评价权

教师的工作远非仅限于课堂教学。他们每年的工作量中，还包括了承担由二级教学部门分配的其他多元化任务。这种任务分配模式是学校管理体系中的一项重要策略，它确保了教学工作的顺利进行，同时也促进了学校的整体发展。

学校会将各项任务下放到各二级教学部门。这些部门通常是学校内部的专门机构，负责特定的教学领域或学科。它们在学校管理体系中扮演着承上启下的角色，既要接收学校层面的指导和要求，又要将这些要求转化为具体的任务，分配给基层教学组织。基层教学组织是教学工作的直接执行者，它们将任务进一步细化，最终落实到每一位教师身上。意味着每位教师都需要在完成教学任务的同时，还要承担部门分配的其他职责，如科研、社会服务、公共服务等。在对教师进行考核时，学校应将关注点放在人才培养这一核心目标上。这不仅是因为人才培养是教育工作的根本任务，还因为教师的专业发展和学校的整体发展都与人才培养密切相关。在考核过程中，学校应着重观察"专业建设""课程改革""服务社会"等方面的表现。

为了充分发挥二级教学部门在考核评价中的作用，学校应赋予它们更大的考核评价权。这样二级教学部门就可以根据自身实际情况和需要，对教师的绩效考核内容、结构进行适当调整。例如，在条件允许的情况下，可以将教师的教学工作量、科研工作量、社会服务工作量、公共服务工作量等相互打通，以更好地体现每位教师的特长和贡献。这种调整不仅有助于激发教师的积极性和创造力，还有助于提升学校整体的教学质量和社会影响力。通过合理的任务分配和考核评价，学校可以确保每位教师都能在各自擅长的领域内发挥最大的价值，共同推动学校的繁荣发展。

总之，教师在完成教学任务的同时，还需要承担由二级教学部门分配的其他工作。这种任务分配模式对学校的发展和教师的教学工作都具有重要意义。通过合理的任务分配和考核评价，学校可以激发教师的积极性和创造力，提升教学质量和社会影响力，共同推动学校的繁荣发展。

参考文献

[1] 陈宁. 基于组织绩效建设的高校人力资源管理优化策略研究[M]. 长春：吉林大学出版社, 2022.

[2] 顾书明等. 教师流动、学习及绩效工资实施策略研究[M]. 苏州：苏州大学出版社, 2016.

[3] 李伟. 高职院校教师绩效考核与管理研究[M]. 北京：首都师范大学出版社, 2014.

[4] 李先军. 绩效工资与师德建设[M]. 济南：山东人民出版社, 2014.

[5] 李亚芹, 王运政, 任永辉. 高职教师绩效考核与退出管理研究[M]. 西安：世界图书出版西安有限公司, 2018.

[6] 田一聚. 激励与控制：改革开放以来江苏高校教师考核制度的变迁研究[M]. 徐州：中国矿业大学出版社, 2011.

[7] 童丽, 张亮, 李引霞. 高职院校教师绩效管理实践研究[M]. 广州：广东高等教育出版社, 2021.

[8] 汪炎珍. 高职院校教师人力资源管理存在的问题及对策研究[M]. 湘潭：湘潭大学出版社, 2018.

[9] 王豫生, 林斯坦. 基础教育教师绩效评价研究[M]. 上海：上海人民出版社, 2013.

[10] 王志建. 义务教育学校教师绩效工资研究[M]. 广州：广东经济出版社, 2023.

[11] 徐畅. 高校教师绩效考核与管理体系研究[M]. 长春：吉林出版集团股份有限公司, 2022.

[12] 张鹏程. 高校教师管理与教学绩效考核研究[M]. 长春：吉林文史出版社, 2023.

[13] 邹松建. 高职院校教师人力资源管理[M]. 成都：电子科技大学出版社, 2009.

[14] 陈柳英, 周旺. 探讨高职院校教师绩效考核管理存在的问题及提

升对策[J].大众投资指南,2019,(23):239+241.

[15]董敏敏.HQ高职院校教师绩效考核指标优化设计研究[D].北京:首都经济贸易大学,2019.

[16]窦芳.全面质量管理理论视角下高职院校教师绩效考核与激励机制研究[J].河南教育(高等教育),2023,(9):23-25.

[17]范晓光.G县第二实验小学教师绩效考核改进研究[D].西安:西安理工大学,2022.

[18]高磊.贵州职业技术学院行政管理人员绩效考核体系优化研究[D].贵阳:贵州大学,2022.

[19]胡健.基于胜任力培养的高职院校教师绩效管理柔性化改革研究[J].中国培训,2021,(3):58-59.

[20]解志军.Y职业技术大学教师绩效考核改进研究[D].西安:西安理工大学,2022.

[21]李娜.高职教师绩效考核存在的问题探究[J].内蒙古科技与经济,2020,(15):43+45.

[22]李娜.高职教师绩效考核存在问题的原因探究[J].内蒙古科技与经济,2021,(3):32+45.

[23]李芹.高职院校教师绩效考核研究回顾与展望[J].广东轻工职业技术学院学报,2021,20(2):19-23.

[24]李舒燕,熊星.新时代高职院校教育评价体系的构建与实施[J].武汉船舶职业技术学院学报,2022,21(2):13-17+30.

[25]李奕.基于平衡计分卡的A职业技术学院专职教师绩效考核研究[D].南昌:江西财经大学,2023.

[26]李玉.济南JX学院"双师型"教师绩效考核研究[D].济南:山东建筑大学,2021.

[27]梁爽.新时代教育评价改革背景下高职院校教师绩效考核评价体系的构建[J].科教导刊,2023,(15):83-85.

[28]廖志平.高职院校教师绩效管理的问题及对策[J].经济师,2021,(3):182+184.

[29]林小兰.高职教师绩效考核评价体系的设计与实践[J].哈尔滨职业技术学院学报,2019,(5):33-35.

[30]刘冰.地方高校教师人力资源绩效管理优化研究[J].内蒙古煤炭经济,2021,(16):221-222.

[31] 刘嘉欣.高职院校教师绩效管理存在问题与解决思路[J].中共太原市委党校学报,2019,(6):68-70.

[32] 刘俊坚.技工学校教师绩效考核问题及对策研究[D].广州:广州大学,2020.

[33] 龙凤林.新时代职业院校教师绩效考核评价机制研究[D].南昌:江西科技师范大学,2020.

[34] 马琳.M职业技术学院教师绩效考核问题研究[D].沈阳:沈阳师范大学,2021.

[35] 欧阳志.高职院校"双师型"教师绩效考核优化研究[D].贵阳:贵州大学,2023.

[36] 任维娜.公办高职院校教师绩效考核指标体系构建研究[D].西安:西北大学,2020.

[37] 师旷.DS民办高职院校教师绩效管理优化研究[D].长沙:湖南农业大学,2022.

[38] 宋兵,沈晔茜.基于三级管理的高职院校教师绩效考核体系研究[J].江苏经贸职业技术学院学报,2019,(6):45-47+65.

[39] 汪敏,赵宇光,陶金.对诊改体系建设下高职院校教师绩效考核的思考[J].山西青年,2023,(13):118-120.

[40] 王妍.T职业学院教师绩效管理优化研究[D].郑州:郑州大学,2022.

[41] 吴佳琪.新疆S中等职业学校教师绩效考核的现状、问题及对策研究[D].新疆师范大学,2021.

[42] 胥加美.高职院校教师绩效考核体系的分析与优化对策探究[J].商讯,2023,(20):187-190.

[43] 许锡宾,谭蓉,陈濛濛.民办高职院校教师评价与绩效考核的逻辑思考[J].中国多媒体与网络教学学报(中旬刊),2022,(10):132-135.

[44] 杨华涛,梁业胜.广西高职院校绩效工资改革情况调查报告[J].经济师,2020,(5):149-151.

[45] 杨然.基于胜任力的高职院校教师绩效考核策略研究[J].科教文汇,2024,(1):137-141.

[46] 余娜.落实高职教师绩效考核实务[J].人力资源,2022,(6):108-109.

[47] 俞泓.全面质量管理理论视角下高职院校教师绩效考核与激励

机制研究[J].扬州教育学院学报,2022,40(3):87-90.

[48]张亮.基于激励理论视角下的高职院校教师绩效考核结果应用思考[J].现代职业教育,2022,(1):118-120.

[49]张晓冬,焦振豹."双高计划"背景下高职院校绩效工资体系优化策略研究[J].辽宁丝绸,2021,(3):66-68.

[50]张晓冬,李强.高职院校教师绩效考核存在的问题与对策研究[J].西部皮革,2021,43(19):46-47.

[51]张晓冬.高职院校绩效工资改革创新策略研究[J].西部皮革,2021,43(17):45-46.

[52]赵春园.健全绩效考核和职称评审制度促进我校高质量师资队伍建设——赴浙江高职院校考察学习报告[J].智库时代,2020,(5):76-77.

[53]赵牡丹.人力资源管理下的高职教师绩效考核探析[J].营销界,2019,(19):182+184.

[54]郑玉芳.广州松田职业学院教师绩效考核优化研究[D].兰州:兰州大学,2021.

[55]周晔.高职教师绩效考核流程设计探索[J].产业与科技论坛,2019,18(12):261-262.